U0907381

负负得正的人生奥义书

NeEnergy

负负得正的人生奥义书

键人（林育圣）/著　Eripo/绘

江苏凤凰文艺出版社
JIANGSU PHOENIX LITERATURE AND ART PUBLISHING LTD

目 录
Contents

PART 3

踏上梦想这条路了，才能证明你真的是在做梦啊

PART 4

关于成功，你是不是误会了什么？

Contents

PART 5
职场现形，你的尊严值多少钱？

PART 6
真爱无价，因为根本没人想买

PART 7

一代不如一代，我们都在收烂摊

PART 8

负能量的正面效应

序

负负得正的力量，打开新世界大门

负能量粉丝团是一夜爆红的。

一开始粉丝团只有一二十个人而已，直到某一则帖文贴出去，我再看时，已经超过好几万人了。

大量涌入的粉丝，好像看到新世界一样，纷纷点赞留言并疯狂转发我的每一则帖文。

是什么东西让他们这么好奇？连我自己都觉得好奇了。看了看大家的留言，原来是因为“负能量”的关系。

负能量在我们社会上的位置，应该就像 A 片、性欲一样，是大家都有、但所有人都告诉你不可以有的东西。

他们说负面思考会带来失败，负能量会让人心情不好、会带来不好的影响，然后说不可以散发负能量给别人。

要当一个积极正面的人，当一个正面思考的人，当一个能散播正能量的人。

有些人说

看负能量久了会变负面思考

我笑了

说得好像你在思考一样

这不是很诡异吗？就好像说你不能有性欲，却又要你生小孩一样。

人性不是禁止就会消失，过度禁止，反而会扭曲。

我们的价值观长期被扭曲，这个社会充斥着太多的正能量，让我们根本不像个正常人了。

于是我用这个看起来离经叛道、违反社会善良风俗的话题，一肩担起了新的角色，站到正能量的另外一面，用一己之力，来向整个社会散播负能量。

负能量是什么？

是原本就存在于我们生活周遭，但你却视而不见、充耳不闻，用正能量假象去掩盖、用假装积极的态度去逃避的真实人生。

这个粉丝团之所以能得到广大回应，是因为那些在正能量中跌倒受罪、一辈子受积极正向思考所苦的悲惨人们，终于在这里得到了慰藉与认同。

而在爆红后的那一个月，我也收到了大家积累许久的满满负能量，好像整个社会的负能量都倾泻到了我身上一样。不得不说，效果还是蛮惊人的。

还好我的心够坚强，除了生场病发个烧之外，我很快就振作起来，负负得正的力量远比强灌正能量鸡汤要来得有效。

现在这个时代要说些话

说实话需要勇气

说谎话需要创意

而大多数的人

则是沉默比开口更有价值

现在出书了。买下这本书的你，想必应该对负能量话题有同感，要不然这样离经叛道的主题，应该不会出现在你眼里。

毕竟谁会想要读一本可能让自己心情不好的书呢?

但事实上，会让你心情不好的不是书，而是你的人生。

这不是一本励志书，就只是真实人生而已。

如果你看了书的内容，一笑置之、感到有趣，恭喜你，你应该有健康完整的心灵与人生。

如果你觉得愤恨不平，觉得都是歪理而且莫名其妙，那你或许真的活得莫名其妙。

如果你在某些章节捧腹大笑、某些章节沉思不语、某些章节默默点头，那么，你应该正在经历人生的新阶段。

愿你开启此书能得到满满的负能量，让你的人生负负得正。

愿你诚实地面对人生，不再活在只有假象的世界里。

负能量不是什么大道理。

就只是你我真实面对的每一刻人生。

PART 1

每天来点负能量，负负得正好心情！

01
是你误会了负能量

负能量粉丝团红了之后，网友最喜欢留言跟我吵的就是："这不是负能量！这也太正能量了吧！"

一开始我都会回这类留言，结果有天突然觉得好生气。

我想这真的很奇怪，要是在一些积极正面向上的假掰[1]粉丝团里，有人留言说"谢谢提供正能量"之类的话，博主一定是感谢再感谢吧。

但这其实只是代表着，每个人都有自己的认知，而这认知是因背景和教育不同而有所差异的。

[1] 假掰：形容一个人很爱摆架子，让别人感觉很假、很难相处。

不顺利吗

多照照镜子

很多事情你就明白原因了

过去人们常说不要散布负面信息、不要负面思考，要传递正面能量，于是大家都觉得负面能量是不好的。

谁说的？

每一个人都跟你说成功是好的、失败是不好的，我们要努力向上、积极进取，才能追求更美好的人生，让社会更进步。

谁说的？

这个粉丝团刚出来时，很多人都觉得：天啊！好神奇啊！居然有人这么正大光明地传达负能量耶，也太离经叛道了吧！哇！但是又好好笑哦，我的天！

所以我就回：是你们误会了人生。

不是积极向上进取才是人生，堕落沉沦消极面对也是人生。

不是成功赚大钱才是人生，失败蹲路边也是人生。

不是你的人生才是人生，我的人生也是人生。

为什么非要去定义什么是什么呢？为什么你的负能量才叫负能量，我的负能量就要迎合你的喜好才可以是负能量呢？

这就是被框架限制太久了，死脑筋啊。

我在粉丝团写的语句，有的好笑、有的消极、有的很蠢、有的很酸；有的读起来也很正面积极，让人获得力量。

这些都是我所认为的负能量，是我们在这世上曾经感受到的恶意，存在于我们生活周围的负能量，并非只有和“正面”相反的才叫“负面”。

某些人用他的人生追求了那么久的定义，这是多么可悲的事，你说这还不够负能量吗?

所以后来我都不再回这些留言了，如果这么喜欢追求负能量的定义，我希望他的人生好过一点，但我想应该不太可能。

大家都只是在追求自己所认同的事情，也避免自己的认同被质疑，因此才会不断地想去教育别人，把自己的观念灌输到他人身上。

这种类型的负能量，这社会上满满都是。而我的负能量，就只是生活的一部分——不太开心的那部分而已。

顺带一提，这本书要带给你的，正是关于人生的负面、消极、堕落与失败。这是一本让你诚实面对人生的书。

乐观的态度与安慰的话

过过日子还可以

当遇到困难与挑战时

一点帮助都没有

02
会抱怨的人，正是能看到问题的人

一般所谓的“负能量”，大概最多就是指抱怨了吧。

很多成功人士，或者一些热爱积极正面思考的人们，都会强调“不要抱怨”。好像抱怨多了，就会成真似的。

但明明许愿许久了也没有变成真的，为什么不能抱怨呢？

说到底，是大家误会“抱怨”这回事了。事实上，会抱怨的人，正是能看到问题的人。

很多人讨厌别人抱怨，是因为那些抱怨的人只是说说而已，并没有付诸行动去改变——其实，大家讨厌的是嘴炮[1]，不是抱怨。

[1] 嘴炮：指那些常常发表一些自己无法做到的言论的人，也指以嘴为炮、吹牛。

有人说不要常抱怨

因为生活就是

如人饮水冷暖自知就好

我想问你被热水烫到不会大叫吗

有时候我们讨厌的

并不是事实本身

而是那个说出事实的人

嘴炮的人到处都有，比如政客，还有一些老板跟主管，他们都喜欢用嘴巴说未来，但实际上根本没有行动。

他们不会抱怨，但不代表他们比较努力向上，只代表他们连问题在哪里都看不到。

抱怨，是对生活中诸多问题的反应。比如，我们会抱怨马路不平，是因为我们每天都得骑车上班，不像那些大老板与高官，乘坐避震良好的轿车，他们当然无法发现马路的问题。

又比如，我们也经常抱怨薪水少，加班没加班费，这显示出经济在下滑、环境在恶化、竞争力在衰退。而官员们一样正常上下班、领加班费，所以他们根本就不知道现在环境变得这么差，还自以为是地说年轻人不认真不努力。

还有，我们也会抱怨买不起房子、讨不到老婆，这也是因为物价太高，与薪资不成正比。但老一辈不会知道，因为他们那一代根本没有这样的问题。

所以，要是我们不抱怨一下，恐怕他们还不知道现在年轻人的处境有多惨呢。“抱怨”之所以会被认为是不好的，就是因为大家讨厌说出事实的人。

所以，如果员工抱怨公司的制度，许多老板就会不开心地说：“不要当爱抱怨的人，公司给你薪水不是让你来抱怨的。”

或者当有人抱怨空气差、生活质量越来越糟时，也常常会有人跳出来说：“不要当爱抱怨的人，我们有的住、有的吃就不错了。”

当有学生抱怨：“教授教得很差，都听不懂在讲什么。”自然就有人会说：“教授很伟大的，是你自己不认真。就算教授口齿不清，你也要学着问啊！”

大家经常觉得，抱怨的人就是有问题的人。但事实上，抱怨的人只是把发生在自己身上的问题说出来而已。当然，这个问题有可能是因为提问题的人条件太差而产生，但也可能是大家根本不愿意正视这一个问题。

为什么有钱人都不抱怨？不是因为他们不抱怨所以才变成有钱人，而是因为他们有钱所以不需要抱怨。

但不抱怨的穷人，只会被忽视而已，因为人们根本不知道他们有什么问题。

所以，抱怨明明是好事，嘴炮才是不好的。我们要多抱怨，找到问题、发现问题。

如果问题出在自己身上，就想办法改；出在别人身上，就想办法不要被影响。

正因为有怨，才需要说出来让大家知道。抱怨是我们向这个充满问题的社会发出的抗议，而不是活在粉红色的假象之中，还催眠自己一切都好。

有些人即使生活不尽如人意

也是看得很开

不是因为看透这世界

而是因为不得不这样想

才能让自己好过些

03
没有人天生玻璃心

玻璃心的人其实很可怜。

长期活在假象之中、害怕被拆穿，所以无法接受别人的意见。

不管那些意见是真是假，只要跟他们的认知相抵触，他们就会暴怒生气，因为他们不容许自己的世界观出现噪声，只能一心向前。

例如在负能量粉丝团的留言中，时常会看到这样的言论：

“这根本大错特错。”

“我不敢相信居然会有人写这样的东西。”

“废文一则。”

或者像之前提到的，有些人总是想纠正我的观念，试图用他们的经验来说明我是错的，甚至留下长篇大论来解释。

其实，重点不在于他们的行为。毕竟每个人观念不同，如果只是不认同，想跟人分享他们的想法也就罢了，欢迎大家讨论分享嘛。

但玻璃心的人其特点就在于，他们又说不出来到底哪里错了。

他们经常无法完整地论述自己的想法，在长篇大论中，大多充斥着他个人的情绪和感觉。

再来就是，他们的语气也多半是一种“上对下”的指导感，指责你这人怎么会有这种偏差的观念，但也说不出什么叫偏差、什么又是“正确”的观念。当然，也有直接谩骂的。

这种类型的人，当然不只存在于负能量的粉丝团里，社会上到处都是。

不容许别人破坏他们的世界观，喜欢为自己认知中的世界定下规则，并且厌恶一切不守规则的事物。

他们对体制内的所有事物容忍度很高，对由自身愚蠢所造成的后果也有很高的容忍度，但却对别人的小小错误感到不安。

越是没有能力改变自己生活的人

越喜欢批评别人的改变

其实不需要靠你的打击

我也知道自己的脆弱

他们自认为已经看见真理，并且永远走在真理的道路上，还努力想把别人拉上这条道路。

他们不喜欢岔路，最好有万能的天神给他们唯一的路线。

他们相信，一切成果都来自个人的努力，并相信社会充满公平正义，成功人士都是靠自己的努力才成功的，社会贤达也必定会回报社会。

他们很少抱怨，很多感恩，对别人的抱怨觉得厌烦，心里又偷偷鄙视着那些条件不如他们的人。

他们的心灵是脆弱的。因为他们少有省思、很少向内思考，只是仰赖他人的思想灌溉，却觉得自己充实美好；更觉得只有自己是独立思考的个体，别人都是被操纵的。

或许这些可怜的人，在小时候也曾经思考过人生吧。但又被长辈教导，只要好好读书、努力向上，成为社会上有用的人就好。

于是他们放弃思考，放弃心灵的成长，无法面对内心的声音，继续活在假象之中。

玻璃心单纯，却也可悲。因为他们赖以为生的世界观已经随着时代逐渐消逝，

社会上有越来越多的声音会跑进他们耳朵里。

他们不敢去听，只能选择逃避；真的听到时，就只能用愤怒来反应了。

没有人天生玻璃心，但我们都可能变成玻璃心。

当我们开始不再思考，也无法包容别人的声音时，那颗心就越来越脆弱，脾气也越来越大。

最后，用破碎的玻璃，刺伤身边的每一个人。

04

在正能量的强光下，我们发现自己黑暗的倒影

我们从小就听过不少“正能量金句”，甚至可以说，我们一直以来听到的都是这些。甚至在我们要安慰或教导他人时，也总是忍不住要拿几句“正能量金句”来说嘴。但每一个被安慰过的人都知道，那些正能量金句根本没用！

失恋了，一定会有人跟你说：“别难过了，下一个会更好。”你心里会想，但我不想要下一个，我就只想要这一个！

应该也有人会安慰你：“他配不上你，你值得更好的。”你恐怕也会觉得，我又没有嫌弃他！我都愿意和他配了，又怎么会想要更好的？我只想要他对我好！

还有一句常用金句：“你要多爱自己一点！”此时你八成会觉得，我爱自己有屁用啊？又没人爱我！一辈子跟自己玩就够了吗？

总是问别人为什么心情不好的人

真的很烦

明明没办法给予什么帮助

却要假装关心有用

当你求职不顺时，朋友们也经常会说：“是他们不懂你的价值，你只是还没遇到伯乐。”你心里大概又要怒吼了：我不需要他们懂我的价值，我只需要他们给的价码！

或者也有人会说：“别担心，要坚持你喜欢的事。”但谁喜欢工作了？我喜欢轻松过一辈子！是银行账户就快要没钱了，所以才需要工作嘛！

诸如此类的安慰，不管任何一种，都无法让你的心情好过一点，也对你当下的状态没有帮助；甚至会让你看不到问题，找不到原因。

这世上的正能量，原本就是为了掩盖这世界丑陋的真相所发展出来的包装纸而已。

包装纸一拆开，你会发现里面的东西又烂又糟，让你的心情从期待瞬间变成失望，反而一落千丈。

相对于这世上已经泛滥的“正能量”，“负能量”才是平凡生活的真面目。

当你失恋的时候，就该知道自己有多糟——当初眼光怎么那么差，看上那么烂的人？或者你根本就是个烂情人，一点也不温柔体贴，活该现在失恋。

当你找不到工作时，就该知道谁叫你当初不好好学习考一所好学校，也不好好

学些技能，长得不够帅家里又没钱，现在谁想找你去浪费公司的钱啊？

这样很负面吗？如果上述事实让你觉得负面，那你才应该想想，自己过去活在怎样的世界里。我们每个人在成长过程中，都接收了太多无谓的正能量。

尤其许多师长，总是散播过多无意义的正能量，在我们真正碰上挫折时，却又给我们恶意的评价与态度。

当我们被教育“努力就会有回报”时，考试狠狠地打脸我们；当我们被教育“人生不是只有一条路”时，面对挫折我们无力改变；他们总说要坚持梦想，但社会价值观却不断地掌控我们的方向。

当人们告诉你要“做自己”时，其实他想说的是：只有成功了，你才是自己。否则你的“做自己”，不过是沉沦的借口罢了。

因此在正能量的强光不间断地照耀之下，我们会发现自己黑暗的倒影，被越拉越长……直到某一天将我们吞噬。

当你沮丧难过、悲伤无助时，就别再接收那些正能量了。你必须看清这世间的真相，开始学习对自己的条件充分认命。

如此，看到书中的“负能量语录”时，你只会哈哈大笑，然后回头继续面对自己的人生。

有时候觉得别人很肤浅

这不是偏见

因为他真的只是在敷衍你

05
没成功的人才喜欢传诵正能量金句

许多社会的主流价值观总是提倡这样的事：积极向上，出人头地，乐观进取，正面努力。

版本很多，但大抵就是强调“进步”与“成功”。

很奇怪的是，先不说什么是成功的定义，或者每个人对成功有不同的定义，就说到底为什么一定要成功呢？

从小我们读伟人的故事、听杰出人士的故事，可以发现一件很特别的事：

那些伟人或杰出人士本身并不觉得自己成功，他们只是努力去做自己觉得该做的事情罢了。

成功，是他人附加于一个人身上的评语；出人头地，则是相对于他人的埋头苦干。

所谓的成功人士，除了完成自己的梦想，也必须符合这个社会所期待的价值条件，才称得上是“成功”。

所以，为什么正能量金句看多了还是觉得没用呢？

因为大多是还没成功的人在传诵这些句子，他们通过这样的教条语录寻求慰藉、逃避自己能力不足的事实。

当正能量金句说：“别在意别人在背后批评你，那是因为你站在前方。”但事实上，就是因为你无法完成这个社会的期待，所以才会遭受批评啊。

谁管你站在哪里呢？

例如整天嚷嚷着要完成什么远大的梦想，结果毫无行动，说了好多年什么事都没做到，只用一张嘴做梦，还喜欢经常分享其他人的成功名言。

很多时候，不是你失败了人家才批评你，而是因为你什么事都没做，还爱说一堆鬼话，才会被人批评啊。

有些人只看到单一事件

就以为别人都是过怎样的生活

就好像看到有人在奔驰上哭

就觉得有钱人都过得不开心

其实人家剩下时间都开心得很

一个白手起家的老板，不偷不抢不骗，靠着好手艺努力赚钱。后来得到投资，有机会开了大公司、赚更多的钱，成了亿万富翁。他诚信经营，产品好又用心，大家也买得开心快乐。如果这位老板说：“没有汗水与血水，就没有成功的泪水。”大家一定给他拍手鼓掌！

另一个老板，靠着政商关系良好，把农地改建地、便宜盖高楼，然后高价卖出，用赚来的钱办厂，生产一堆偷工减料的商品，砸大钱做宣传做营销，最后赚了笔大钱。如果他被写进成功人士的故事里，还自称“哪儿有勤奋，哪儿就有成功”，请问大家也要给他拍手鼓掌，叫孩子们学习吗？

如果成功只是赚大钱、得到名声与权力，那我们崇尚这样的成功意味着什么呢？

不过是鼓励人们对这样的人投以羡慕的眼光，鼓吹这种结党营私、欺诈他人的行为罢了。

是“正能量”让我们看得太狭隘了。

总是用羡慕的眼光看待他人的财富与名声，因此最后也只能以这种肤浅的成就来评断一个人是否成功。

平凡人如你我的梦想，无非是找到能相伴一生的人，或许生几个小孩，有间房子，一家人平安健康。

如果有人为了这样平淡的幸福，努力一生达到这个愿望，最后终老死去，那他，就是我们该学习效法的成功人士。

我们被正能量荼毒太久了，才会忽略了这样微小的成就有多可贵。只想追逐大梦想大成果，却忘了，这世上最多的终究是平凡人。

每一个人，都不必去追求什么出人头地式的成功。

只要让自己说出口的每一句话，都心安理得，就够了。

你总是这么努力，也没觉得有多优秀啊

01
喝再多鸡汤罐头，依然过不好人生

现在社会的价值观有个地方很神奇，就是充斥着“开罐头”理论。

意思是，我们人生中所做的每一个动作都像开罐头一样，不断地打开新的罐头，然后有一天，罐头里会跑出一个新的东西，来改变自己的整个人生。

所以很多人把考上好学校、交到好朋友、进大公司、读某几本必读的书、学习成功人士的好习惯等这些东西，都包装成一个个精美的罐头，然后告诉你：这个罐头很棒，打开后，你的人生就会不一样了。

于是我们不断地打开别人的罐头，过着不属于自己的人生。

罐头里的东西有些还很好吃，所以被做成了鸡汤，俗称“心灵鸡汤”——这词真的很妙，鸡真的很无辜，被炖成汤了，还要救治别人的心灵。

有时候你觉得自己很平凡

就是个普通人

别难过，还是有机会特别一点

当个特别普通的人

于是就出现了一堆成功故事、一堆励志文章，还有一堆鼓励人们要努力要认真，累了就喝碗鸡汤再继续上的激励大师。

罐头越卖越贵，他们钱越赚越多，你的人生却越过越糟。

所以我也来卖罐头，但一打开会臭死你，因为人生就是这么臭。

你被那些罐头的香气吸引，闻不到人生的臭味，结果像中毒一样每天都催眠自己要努力、要成长、要认真，幻想有一天能开到一个绝世好罐，一举改变你的人生。

人要是傻，就不要随便吃罐头了，会让人家发现你真的是傻，争相要来卖你罐头。

人生就是人生。有钱的人好过些，没钱的人难过些；长得漂亮的人好过些，长得丑的人难过些。爸妈有努力，你就可以少努力一点；爸妈没努力，你就要自己多努力。

人生就这些道理，剩下的罐头道理都是要赚你的钱而已。

这个社会打造了成功人生的样子，让你去追逐虚幻的泡沫，好方便卖你更多的罐头、持续赚你的钱，让你一辈子在那边空打转。

而你每天吃了罐头，期待明天会更好。结果明天得到的，就是一坨大便而已。

我的人生道理很简单，就四个字而已：充分认命。

认清你长什么样子，认清你的家世背景，认清你的努力有多少，认清你到底是什么。别整天妄想着会成功、会飞黄腾达，是路边的村民就扮演好自己的角色，给勇者拍手鼓掌就好。就算这辈子都要辛苦地过，谁叫自己长得丑呢？苟且偷生，好歹过的也还是自己的人生。

从来没有可以复制的人生，那又何来可以复制的人生方法？别再开罐头了，里面永远没有你需要的营养。

得过且过地过这一辈子，然后成功地老死在自己的床上——这就是幸福的人生了。

努力了这么多年

但凡是有点天赋的

也该有点成功迹象了

02
喊着“做自己”的人，想过自己是什么吗？

我常说一句话：做自己很累的，照别人说的做比较轻松。

大多数喊着要“做自己”的人，根本没有想过自己是什么，只是过个嘴瘾而已。他们走的路线根本是别人老早就走过的，他不过是其中一个盗版而已。

也有些喊着要“做自己”的人，其实就是无法接受他人的评价，觉得自己的努力被抹灭，感到哀伤难过，于是只好喊着要“做自己”，不接受外界的评价。

但事实上，他们根本超想得到别人的赞同，只要有人支持他，他就会觉得自己好有价值、好棒；有人批评他，他就会说你们不懂我的价值。

基本上那些喊着要“做自己”的人，都只是想得到认同而已，好让他感受到“自己”真是有价值的。

大多数人爱嚷嚷做自己

不过是因为能力太差

无法扮演好社会的角色而已

其实，我们每一个人本来就是在做自己。不论是模仿别人或跟随别人的脚步，我们都是在做自己。

不这么认为的人，只是因为他们不满意现在的自己罢了。他们幻想中的自己，是个很棒、很厉害的人。

自以为别人限制了他，但事实上，根本就没有这样的人。

这么糟的你，就是你真实的样子。

你披不上别人的皮，穿不下别人的衣服，学不了别人说话的方式，也承担不起别人的光环。

你努力地想学别人，却发觉自己的能力远远不足，于是只好幻想出一个理想的自己，然后怪罪于他人的批评，把自己的错误当作别人教坏你或给了你很糟的评价。

但外界的评价，就是在说你这个人“现在”真的很糟。谁会知道什么是“真正的你”？大家只会看到你的表现而已。

难道政治人物可以这样说吗？“请你们投票给真正的我，那些贪污、偷懒、无脑的我，都不是我。我要做自己，请大家投给真正的我，谢谢！”

不管你有没有被讨厌的勇气

都改变不了讨人厌的事实

这种话你会信，就是因为你相信了“真正的自己”这种鬼话。

才没什么“真正的自己”，你又不是蝙蝠侠或钢铁侠。你所做的每一件事，就代表着你这个人的能力与思想。

骂脏话的你是你，口出恶言的你是你，睡觉流口水的你是你，抠脚挖鼻孔的你还是你。

每一个你都是你，真实的你就是长这样、做这些事，别人的批评全都是针对真正的你。

你只是不敢承认自己有多糟糕，才会假装自己还没有真正做自己。

就好像考试考不好的人，会假装自己没读书。

跑步跑输的人，会说自己没认真跑，觉得比赛很蠢。

作文写不好的人，会说自己没认真写，题目太糟。

我在一开始所说的“做自己是很累的”，指的当然不是这种“做自己”。

而是认真思考过人生的道路，了解自己的现状，想象自己想成为怎样的人，有坚定的信心以及属于自己的是非观念和价值观，虚心接受他人的意见，认真面对每一次失败，聆听与理解他人的批评。

然后走出一条没有人走过的道路。

这，才是真正的做自己。

这样的做自己，不论是平凡还是非凡，都是很累的。

因为他们走的，都是没有人走过的道路。

摸索人生，很累的。

一些人爱说的

我自己的价值我自己懂

只是为了掩盖

别人并没有兴趣

去了解你廉价的价值

03
为什么认命不能是一种人生态度呢？

你觉得自己认命吗？

或许是，或许不是。但为什么呢？

说自己“很认命”会让你有什么感觉呢，是不是很羞愧、很无力，觉得自己好像很糟糕？

但为什么会这样？为什么说自己认命会让你觉得很糟糕？为什么认命不能是一种人生态度呢？

因为大家都教你要努力向上，要不服输，要积极进取。你认命，就好像放弃了努力，放弃了成功的机会，甚至放弃了人生。

有时候我们讨厌一个人

绝对不是没来由的

谁叫他看起来

比你聪明有钱又有趣

还比你快乐有成就又受欢迎

所以我们只好比谁都讨厌他

现在都在鼓励人们跳出舒适圈

但更多人从没舒适过

但真的是这样吗？

虽然负能量语录都像是讽刺或者揶揄他人，但其实我心里知道，自己想说的是一种价值观。

就是“充分认命”。

什么是充分认命呢？就是你要全面了解自己拥有的条件是什么，然后才来选择该努力与追求的方向。

什么样的条件？就举负能量语录里最常说到的三个话题——穷、丑、矬。

有些人长得丑，这没办法，因为是天生的。想整容还得要有钱，也不用重新投胎，因为重新投胎可能更丑。

所以长得丑的人该怎么办？

你只需要认知到自己够丑，然后不要去想你的外表可能会对你有什么帮助，凡事只要想着“天啊我这么丑，居然还有人愿意理我！”就可以了。

当有女生对你温柔，你可以想：“天啊我这么丑，她还对我这么好！她要不是天使不在意美丑，就是恶魔另有所图。我要好好确认一下这件事。”

当有男生对你体贴，你可以想："这男的到底想做什么？不可能是为了我的外表，难不成只是个精虫上脑的男人，还是我有什么地方符合他的癖好呢？我来好好确认一下他的目的吧。"

当你找到工作，你可以想："这老板人真是不错，我这么丑还愿意雇用我！老板不看外表应该是看重能力吧，那我要好好展现一下我的能力，不然连工作都保不住了。"

这样是不是觉得好像充满希望，负负得正了呢？

只要认知到自己很穷，你自然就不会去追求多余的奢侈品。

看到别人拿着最新的 iPhone，你只要想："我这么穷，买 iPhone 干吗呢？别人也不会因此就觉得我有钱，说不定还以为我是偷的！还是省下钱吧，说不定明天可以多叫杯饮料喝呢。"

对工作厌烦时，你可以想："这工作虽然烦，但起码有收入。我这么穷，如果辞职没马上找到新工作，那就更惨了，而且下一份工作薪水也未必比这份多。还是在这里努力点，多加点班，再去跟老板哭加班费，成功概率还比较大一点。"

如果摆错地方

钻石也会被当作石头

但石头不管摆哪

都还是石头

机会永远留给准备好的人

只不过

有些人出生前就准备好了

当你觉得生活无趣，你可以想："生活这么无聊，但我太穷了，还是多兼几份工作吧。多几个环境刺激，看会不会比较有趣。不然找个需要去外国出差的工作，不仅赚钱，还可以享受海外旅游打工的感觉，想想好像比较有趣了。"

当你想买东西、吃大餐时，你可以想："天啊我这么穷，要是还把钱浪费在这种地方，那要什么时候才可以交女朋友和结婚呢？我也想生小孩啊，还是省着点用吧，等有喜欢的女生后再吃大餐好了。"

这样是不是觉得上班更有动力了？

连物欲都会下降不少！

充分认命，就是认清自己的条件，用这样的条件去衡量眼前的事物。

这样，你就不会去想着不切实际的梦想，反而会知道自己现在最该做的是什么：是打开履历而不是想着旅游，是去运动减肥而不是看片撸管。

别人是美女能享受万人爱戴，你不是美女就该好好学点才艺，不要人丑又怪大家只看外表，或者总是羡慕美女有人捧。

别人有钱能请美女吃大餐，你不是有钱人就好好地吃路边摊。找对象要找能一起打拼的，不必去羡慕别人的生活模式。

充分认命，认清自己的条件、认识自己的命运，有机会就抓住、没机会就蛰伏，用自己的条件做让自己开心的事。

一个人一种命，全看他拥有什么样的条件。一直去羡慕别人，绝对是过得最糟糕的一种人生。

我们都要充分认命，即使此生注定平凡。

起码，活的是像自己的人生，而不是复制他人的次级品。

有时候你会怀疑自己的能力

别担心

偶尔你是对的

你能力真的有问题

04
不是努力没有用，是努力得不对没有用

我经常嘲讽努力这件事，不是因为我认为努力没有用，而是大多数人的努力都没有用。

我认为，只有少数人的努力是有用的。他们一部分是聪明有能力的人，另一部分则是已经知道有些努力没有用的人。

这个道理并不奇怪。大多数人都努力错方向，甚至因为能力太差，所以让努力看起来根本没用。

例如头脑不好的学生，努力读书有用吗？或许从 20 分考到 40 分，努力让他多得了一倍的分数，但有意义吗？一样是挂科啊。

或者一个长得抱歉的女生，努力去追他的男神，有用吗？她再努力都没有用啊。但如果是个美女呢？努力一点可能就有用了。

这完全是条件上的差距，不是努力可以跨越的。

而且很可惜的是，这世界大多数时候并不是看你努力多少来决定对你的评价，都只是由结果来决定而已。

比如学校的成绩，你跟老师说你非常努力，老师也不会因此而给你高分。你的分数还是一样很糟，拿这样的成绩去申请其他学校也不会被录取，谁管你在这过程中有多努力呢？

又比如你的薪水，你说你工作很努力，没迟到也没犯错，甚至做了很多被老板夸奖的事，但薪水还是只有两三万[1]。当朋友问起的时候，即使你告诉他们你很努力，他们也只会觉得你就是个无能的家伙而已。

当成果决定一切时，你的努力也就没有用。

而聪明有能力的人，他们的努力除了能够很快地放大他们的才能，更重要的是，他们知道什么时候该努力、什么时候随便做做就好。

[1] 一万新台币约等于 2000 元人民币，此处的两三万相当于人民币 4000 ~ 6000 元。

有些事，努力会有成果，比如多运动、练习说话技巧等，这些多努力都可以有收获。但某些事努力就没什么用，比如跟人吵架、上网努力看没营养的脑残文，等等。

聪明的人，知道该做什么努力；有能力的人，努力起来更有效果。只可惜，大多数拼命努力的人都不够聪明和有能力，所以努力当然没用。

所以有人就会觉得，那我不努力就好了啊！摆烂[1]就好了啊！这真是傻子才会有的想法。“不努力”跟“什么都不做”是两回事。

有些事不需要太努力，但还是要做好分内的事。比如上班不用拼死拼活，但起码要把交办事项做完；你不用拼死拼活地赚钱，因为你能力太差赚钱太慢，但还是要赚到足够的生活费啊。

这世界上所有的难关，都是为了隔绝那些“不够喜爱的人”所设立的。

如果你有比较好的条件，那少努力一点就可以跨越难关；如果你条件不足，那就必须用“非常努力”来表达你的喜爱。

[1] 摆烂：指事情已经无法向好的方向发展，于是就干脆不再采取措施加以控制，而是任由其往坏的方向继续发展下去。

虽然努力没有什么帮助

但是过程很重要

你可以发现自己真的是弱爆了

总有人轻而易举就得到

你千辛万苦才靠近的成果

像是有些工作可能不需要那么努力，也不用付出太多时间在工作上，如此工作跟生活都可以很快乐；毕竟很努力的人，有些还是一样会被裁员啊。

追女生也是一样，再怎么努力付出她也不会理你，还会觉得你烦，何必呢？不如等到她跟男朋友分手时，你再努力讨她欢心，交往后再努力对她好一点，她就会觉得跟前男友比你真的好棒哦，幸福又美满。

丑男也是可以跟美女在一起的，只要你愿意追她 20 年，等她老一点没人要了，你可能就有机会跟她在一起了。很棒吧！

所以不是努力没有用，是努力得不对没有用。而大多数人都因为不够聪明，所以努力得不对。

除非你真的有热切希望达成的目标与方向，那再努力吧。

你会过得那么辛苦，就是因为太努力了。偏偏又太笨，条件也太差，并且期待经过努力可以改变这一切，所以才让自己这么辛苦。

充分认命吧，你的努力是没有价值的。

当比你优秀的人，比你还要努力，那你努力还有什么用呢？

别努力了，40 分跟 20 分，真的没有太大差别的。

你总是这么努力

每天忍受许多寂寞与折磨

受尽委屈

但我们也没觉得你多优秀

05
你只是看起来很努力

我不会完全否定“努力”这件事，毕竟有些事还是需要花一点心思的，比如把字写得好看这件事。

从小，我的字就很丑。

在最需要写字的小学六年里，我的字只得过三次 A+。曾经有同学看到我的 A+，生气地拿我的作业去问老师：“老师，为什么他的字这么丑还得 A+？”老师只淡淡地说：“以他的程度，这样算是 A+ 了。”

那一次是作业最少的一次，所以我写得比较认真。

字丑当然不是天生的（大概吧），我可以找到千万个理由来说明我为什么字丑，但只有一个理由我自己最清楚。

我没有努力练过字。

但我曾经看起来很努力地练字。

小时候，父母发现我的字不好看，觉得是我拿笔的姿势不对，于是买了一个矫正器，可以套在笔上，只要握在上面就可以保持正确的握笔姿势。

那个矫正器我每天都带着，只要有人看到，我就会拿着装上矫正器的笔，认真地写着，然后跟同学说我在努力把字练好看。有大人看的时候，我也会认真拿着装上矫正器的笔写字，给他们看我的认真。

但因为装着矫正器的笔很难写字，所以只要我一个人写作业的时候，我就会用另外的笔写。这样过了一段时间，字依然很丑，我就跟大家说："我有努力练字了啊，但天生就这样，没办法啦。"然后趁机把矫正器丢了。

后来，父母觉得我的字丑到一定程度了，连他们都快看不懂我的联络簿[1]在写什么了。听说写书法可以练字，于是就帮我买了全套的书法工具，每天逼我练字帖，一星期要写完一本。

[1] 联络簿：一种沟通家长、老师与学生之间的关系的记事簿，主要功能有交代每天的作业和要携带的文具、记录并评价学生的表现、提醒家长协助配合的事情等。

不敢跟别人说自己有认真读书

是因为不想

用尽全力来证明自己脑袋不好

我觉得很难受，写书法对一个小男孩来说太逼迫人了，一开始我写了几张，然后就开始把毛笔搞失踪，并且在写作业时字写得更丑。

我跟大人说："写毛笔写久了，我都快不会握一般的笔了。你看，字反而更丑。"反正笔也不见了，这件事就算了。

再就是用一般笔写日记，当作多练习写字就是了。我写了一个礼拜，最后一天我写下："我真的好讨厌写字，好不想写字，我好想哭好难过。"

父母看到后觉得不忍心，也就放弃了逼我练字。

之后只要有人问我为什么字这么丑，我就会跟他们说，我有努力练习过，拿过矫正器、练过书法，还写日记练习，但都没有用，我的字丑是天生的。

但只有我知道，我只是让自己看起来很努力而已。

事实上，每一次的"努力"，我都没有认真过。

大多数人"努力"的意义，大概就像我练字这样。

他们有努力找工作，但就是某天打开招聘网站，投几份简历，没有响应就当作努力了。

他们有努力读书，但就是把书打开，然后一边看手机，一边跟人聊天、吃东西，一整天下来翻了两页，就当作努力了。

他们有努力减肥，但就是跑一下附近的公园、去几天健身房，拍个照打个卡就回家，顺便买份宵夜，就当作努力了。

许多人的努力，只是为了欺骗自己和做给别人看的而已。

那些一加班就打卡说自己多认真工作的人，那些买了本书就拍照分享说自己多爱看书的人，那些去报名学英语一定要上网晒自己学生证的人……他们都只是看起来很努力而已。

所以他们的努力没有用，更不可能有什么聪明的做法。

没有对自己的条件认命，又想享受那样的光环。

就是虚荣心作祟而已。

休息是为了走更长远的路

为了方便别人走路

所以我在家多休息

PART 3

踏上梦想这条路了，才能证明你真的是在做梦啊

01
你喝下的励志迷汤，都会变成脑子里进的水

近年来，社会上出现一种职业，就是专门鼓励大家勇敢追梦，无畏挑战做自己。

这种人，我称之为“人生破灭者”。

人不需要有梦，也可以活得很好。

叶问没有使命也照样勤练武功，等到需要的时候就会派上用场。如果他从小就梦想成为可以一个打十个的超强武者，那他一开始就被日本人打趴下了。

我们不需要别人来鼓励自己做梦。

又一天过去了

今天觉得如何呢

梦想是不是又更远了

许多人所谓的追逐梦想

就是不想要辛苦努力地付出

还可以轻松自由地生活

你不敢去执行你的计划，不是因为你胆小，而是因为你知道自己能力不够、条件不足。

如果你今天家里有钱，那你还需要梦想到外国留学吗？如果今天你帅到飞起，进演艺圈对你来说还会是难如登天的事吗？想必你只需要练习你的演技，就能在演艺圈占有一席之地了。

人生要有挑战，但不需要做梦。

并且你不需要特别去挑战什么，挑战自己就够了。

那些鼓吹你追求梦想的人，就是活生生把你推入火坑的人。他们的语言和文字，会让你觉得受到鼓励并产生自信（我听过我知道），然后会在一头热的情况下，做出让人生大转弯的决定，你会认为自己真的好像必须做点什么。

所以你会买整套的画画器材，辞掉工作，整天在家专心画画，然后卖不出去，最后只好再回去上班。

所以你会开始录下自己的歌声，投给各家唱片公司，都没人理你，只好放到网络上，每天一两百个点击，你就会安慰自己，一定是伯乐还没出现，一定会有人懂你的。

你还会买一堆这样的书，那些“人生破灭者”出的书，他们会在书里不断鼓励

你：人生只有一次，人因有梦而伟大，你要勇敢做自己。

于是你不敢看现实中的状况，只觉得你要好好坚持自己的梦想。

而那些人，靠着赚你的钱，他们到外国旅游、买车买房、享受美食参加聚会，然后告诉你：你只要努力坚持梦想，就可以像我这样成就自我。

这些人就是吸着人们热血的吸血鬼。他们有些可以成为专门的演讲家和作家，每年靠写一堆鼓励你做梦的文章赚钱，然后继续无所事事，什么事都不做，就专门鼓励你做梦。

他们中还有一些人自称“旅人”，鼓励你去旅行。他们会跟你说世界这么大，你应该去看看，然后拿着你们的钱到外国游玩，跟你说：你看世界好美哦，赶快跟上我的脚步吧。

他们把旅行跟梦想绑在一起，把希望跟未来绑在一起，然后一起卖给你。

他们写一堆不知所谓的内容，跟你说人生不是只有工作，你应该好好寻找你要的是什么。还跟你说人生快乐最重要，开心才重要，因为人生只有一次，你要为自己而活。

这些专职鼓吹别人追求梦想与旅行的人，都是推你入火坑，害你一生却不负责任的魔鬼。

现在许多人都在鼓励别人

要去旅行要去流浪要去追梦

我也这么觉得

最好你们都去了

就没人跟我抢工作了

通常鼓吹人们追寻梦想的

要不是自己的梦想还没实现

叫别人一起上路好有个伴

要不就是要靠你做梦他才能赚钱

魔鬼就是会在你耳边说着美好的事物，却不对你的未来负责，他会说那是你自己做的决定。

人们总是容易被眼前的事物诱惑，许多人不敢行动的原因正是担心后果。但魔鬼就是会帮你忽略后果，告诉你，眼前的快乐比较重要。

出去旅行吧！别管回来找不找得到工作。

去实现梦想吧！别管下个月房租怎么办。

去做你有热情的事吧！别管别人怎么看你。

他们拿着你的钱，说着蛊惑的话，要你跪上梦想的道路，把你推向危险的人生边缘。

脆弱的人本来就容易受到影响，但无论是谁，都只能为自己的人生负责。

所以我们要警惕自己听到的建议，那些无法为你负责的建议，很容易害得你人生破灭。

不要再花钱养魔鬼了，不要再听他们说那些不负责任的话了。他们的人生成果，就是靠着卖鸡汤给你挣名气赚大钱，鼓吹大家去送死，然后自己窝在舒适圈数钞票。

有些人会说自己出发去自助旅行

学会了很多

解决了很多旅游上的难题

但自己生活上的困难

为什么一点都解决不了呢

02
当能力跟不上野心

当能力跟不上野心，就叫自大。

自大的人的可悲之处，不在于他的处境，而在于他不知道自己的处境，总是高估自己的能力。

总是觉得自己应该长得蛮帅的，不然早餐店阿姨怎么会喊了我好几年的帅哥，总不可能说谎这么多年嘛？要不然以前班上的阿珠为什么每次看到我都害羞地低头，说话也不敢看着我的眼睛呢？

总是觉得自己应该是能力一流吧，要不然老板怎么老是喜欢拍我的肩膀，说他很看重我，要我加班好好表现，肯定是因为他只信任我吧？

这个世界不断地鼓励我，不断地跟我说我有机会出人头地，只是时机未到，只是没找到伯乐，跟我说只要坚持梦想，就一定有机会实现。

这世界跟我说，当我想做一件事，全世界都会帮我。可以获得全世界的帮助，那还有什么好怕的呢？

这就是可悲的人，因为世界根本没空理你。

自助者也不会得到天助，每一个帮助都是别人顺手为了自己的利益跟你合作而已，每一个善心都是资源的外溢。

每一个坚持梦想而成功的人，都是因为他们有成功的条件，并且条件正好符合他们的梦想而已。

不是梦想实现，而是能力足够、时机刚好、条件补上。

如何过得不那么可悲？首先就是要抛弃你的梦想。不要想了，那些梦都是让你成为可悲的人的开端。

别梦想成为电竞选手，拼命打游戏。

别梦想当歌星，整天唱歌打扮刷存在感。

小时候说到梦想

整晚都不想睡觉

现在说到梦想

只想赶快睡觉

别梦想成为漫画家，整天只知道画漫画。

别梦想自己会成为篮球明星，整天跑去跟人斗牛。

放下你的梦想吧，因为那都只是梦。

梦会让你活在美好的想象世界里，你会把梦当作逃避无能的理由。

被别人质疑时，你会把梦想当作借口，好像你有梦想，大家就应该要养你吃饭，等着你用贫弱的能力，妄想着那不可能的未来。

梦想让你看不清现实，让你模糊了真实的界限。你把所有不支持你梦想的人都当作敌人，误会了别人实际的建议。最后大家都离你而去，只有你还在坚持着做梦。

不要有梦想了，只要好好生活。

好好过你的生活，偶尔打一下电子游戏，不然会跟不上大家的话题。如果玩了之后发现自己蛮有感觉的，还很有成就感、很爽，那就可以多投入一点时间。遇到瓶颈，如果突破了，就试试看跟别人比赛。赢了，就多比几场，赢了赚钱了，就参加更高级的比赛。若能十战八赢，就挑战更厉害的对手，然后把自己的对战心得放到网络上，开个视频直播打游戏。如果看的人越来越多，或许会有人找你参加大型比赛，那就去挑战世界看看吧。

好好过你的生活，多找点有趣的事情做。你会发现在许多有趣的事情中，有某些事是你觉得特别有趣的，那种有趣不只是打发时间而已，你还会非常容易上手而且有成就感，那才是值得你投入的事情。

但是，不要因此而产生幻想，觉得自己是不是有某种天分。这只是代表某件事能带给你更多的价值感受而已，你或许可以让这件事成为你的兴趣，但兴趣能不能当饭吃，是要看你的运气和能力的。

而不是靠做梦。

大多数人都没有天分，却误以为自己有天分，这都是爱做梦的原因。

认清自己吧，我们就老老实实地过日子，有几个兴趣玩玩就好。

如果有哪一天，你的兴趣强大到可以影响别人，可以得到世界的赞赏，那或许，真的是你有天分。

先吃饱饭，然后再用你的天分去改变世界吧。

现在很多人

都说着要勇敢做梦

结果都只剩下做梦的骨气

而没有梦醒的勇气

很多朋友喜欢分享旅游经验

看着他们把钱花光出去走一趟

回来后生活没有任何改变

我就感到放心了

03

自己的平庸，可能是你发现的人生最大秘密

许多励志大师或奇迹讲师，都喜欢告诉你“人生的秘密”，甚至还有一本书就叫《秘密》，卖得很好。

我哑然失笑，觉得可悲。

你的人生哪有什么秘密？唯一的秘密，或许就是父母到底怎么把你生下来的而已。

会想去探索人生的秘密，不过是对自己的无能缺乏认知罢了。

有些人总是怀疑，自己过得这么糟，一定有其他的原因，绝对不是因为自己太差，一定有某些自己不知道的事，所以才会到处去寻找秘密。

不管你有没有梦想

跪着都不能走完任何路

来一场说走就走的旅行

除了该做的事被拖延更久之外

什么都没有改变

于是花大价钱，去上了许多秘密课程，读了许多秘密的书。

他们终于发现了一个秘密。原来是我不够坚持自己的梦想啊！

于是他们开始拼命去做自己想做的事，到外国旅游、开咖啡馆、去跑步、去运动……把现实抛在脑后。三五年之后，发现自己仍然一事无成，于是又开始找秘密。

终于，他们又发现一个秘密。原来是我没找到梦想的伙伴啊！

于是他们开始去参加一堆商务聚会，找一群志同道合的兄弟姐妹，到处称兄道弟，认识什么哥什么姐，什么董什么娘的，周遭好像都是成功人士精英阶级的感觉。接着，他们还加入这些哥姐董娘的组织，一同为梦想打拼，为财务自由努力。

再过了三五年，他们又会发觉自己赚不到什么钱，做的也不是自己喜欢的事，于是脱离了组织，再去寻找其他的秘密。

这时候，其他人都已经在各自的职场上占有一席之地了，这些寻找秘密的人还在到处问人：你能在这间公司混得这么好，是不是有什么秘密啊？

如果跟他说没有，他们还会觉得你藏私。

一路晃到了三四十岁，才发现一件事。

原来自己的平庸，才是真正的秘密。

人生没有秘密，那些大师说的秘密也不是什么秘密。只要去搜寻一下，就可以发现都是前人讲过的话罢了。

什么爱是唯一、健康最重要、态度决定高度、反省是最好的进步……这些事大家都知道，只是做的人觉得这很正常，没做的人则根本不在乎。

20 岁的时候说健康很重要，谁理你啊？熬夜读书考试不挂科才重要啊。

25 岁的时候说家人很重要，谁理你啊？有机会被外派出差见世面才重要啊。

30 岁的时候说态度决定高度，谁理你啊？银行账户才决定说话的力度啊。

人生在不同时期，本来就有不同的追求，每个人追求的事物也不一样。

根本没什么秘密，只是有多少条件做多少事而已。

那些秘密，就是你的钱为什么会被骗走的秘密。

很多人坚持自己的梦想
努力在做那些别人看起来
幼稚可笑的事

多年过去
证明当初还真的是幼稚可笑

有时候觉得工作很烦

就找个地方旅游吧

把钱花光后

就会认命地工作了

04
有才华的人会辛苦，有微小才华的人会痛苦

每一天，我都会在粉丝团里接到许多人的“负能量”投稿，看得我整个人都不好了。

一开始我会想：为什么你会觉得这种东西值得分享呢？

大多数人的投稿，都只是纯粹的抱怨而已，是很无趣的负能量。如果负能量粉丝团只有一堆无趣的抱怨，那是不可能会有人想看的。

人们对自身才华的认知是很薄弱的，这点受制于我们的教育并没有帮助大家找到自己的才华，而只是要把大家变成同样的人。

但当你顺着这样的教育长大之后，他们又要你当一个有特色的人，这不是害

人一生嘛。

所以大多数人都不知道自己的才华是什么，做了某件事觉得好像不错，就以为自己有天分了。

就好像有些人玩游戏觉得不错，就以为自己有打电动的天分，但其实这根本就是厂商的阴谋啊！

每个人都会打篮球、踢足球，但球星还是只有那几个而已。

绝大多数的人，其实根本没有所谓的才华或天赋。

而有太多的人，则是根本误会了自己——他们可能是战争天才，但这时代暂时不需要这样的人；他们可能是超级猎人，但都市里根本没有这个职位啊。

这个时代，真正拥有才华的人会很辛苦。因为大多数人没有才华，所以他们对有才华者既嫉妒又怨恨，甚至百般刁难。

比如一个确实有电竞才华的学生，却被逼着要上完无聊的学校课程，才能在下课后去比赛练习。他不得不把时间浪费在与他的才华不相干的地方，只因为这是教育体制。

再比如一个真的有运动才华的人，会被逼着学语文、英语、数学，直到课余时间才能锻炼体能。他把跟全世界一流人才比拼锻炼的大把时间，拿来浪费在对他来说毫无意义的地方。

真正拥有才华的人，不可能是个全能者。

但人们就是会习惯性地嫉妒和刁难有才华的人，找到他们的缺失之后，再把他们的才华淹没。

所以有才华的人要非常辛苦，才能让自身的才华受到大众认同。

与之对比，仅有微小才华的人就更加痛苦了。

他们的才华，并不足以让他们功成名就，但与一般人相比，他们又似乎有那么点不一样。

他们会思考，是要认命放弃，还是奋力坚持；放弃这微小的才华虽有些可惜，但现实生活又逼得他们无法坚持。

可每当要放弃时，听了一些励志的言语，又会燃起一股希望之火，觉得自己或许可以再试一试；但真的试了，却又没什么成果。

每天早上让梦想叫醒你

这样才会睡得更久

这些仅具备微小才华的人，不断地在能力与现实之间摆动。

比如唱歌好听的人，偶尔一唱，总有人会发出赞叹，觉得他不当歌手太可惜了；但当他把自己唱歌的视频放上网络时，却又没有多少人点击，也不曾有唱片公司的人上门。

这样的人，一生都会觉得痛苦。

要认命又不甘心，不认命却也赢不了。

每当他们快放弃时，就会被那些励志文章鼓励，接受激励大师的说法，然后继续坚持下去。

直到岁月把他们的机会磨蚀，花了多年时间，终于证明　　没错，自己确实只是拥有微小的才华而已。

一些人常会被骂

说每天像猪一样爱睡懒觉

真的是太委屈了

猪都比你早起

PART 4

关于成功，你是不是误会了什么？

01
成功人视网膜病变

社会上有一群人很特别。

他们通常成群出没，很少看见他们单独出现在什么场合，每次出场一定是一群人，然后一起拍照。

他们习惯握手打招呼，然后借由合照来向外人展示感情融洽，时常一起吃饭、出游、开会，更经常发起或参加许多活动。然后，一定要合照。

过去，这类人会成立一些社团，每个月聚会聊天，偶尔一起到外国游玩，或者举办宴席宴请四方，并留下许多合影纪念。

到了网络社交时代，他们也学会运用 Facebook、微博等社交软件，然后保持一贯的习惯——拍照、打卡，并且一定要宣示今天的活动让人受益良多，等等。

有时候我们觉得

别人误会自己

但其实

是我们误会了自己

没有人总是一帆风顺的

其实你并不寂寞

看看你身边的朋友

不就是因为失败才混在一块儿的嘛

他们彼此之间十分重视称谓。年纪稍长的，一定要尊称大哥大姐；年纪小的就是有为青年；开公司的，就是某董事长或大老板；当主管的，一定是经理级别；小职员就是前途不可限量的年轻人。

他们最喜欢分享的就是励志故事，但聊的多半是股票和基金投资。

总是喜欢说自己很努力，也赞赏看似认真努力的人，习惯性地四处帮人打气加油，部分有宗教信仰者，热爱使用“福报喜乐”等语句。

爱好的读物一定跟商业有关，喜欢帮自己的书柜拍照，却很少把一本书读完。看书一定是看大家推荐的，以免读到一本别人都不知道的书。

这些人很少把钱挂在嘴边，喜欢谈价值、理想、抱负、目标与梦想，崇尚白手起家的故事，但却不喜欢和没钱没背景的人打交道，也看不起一般的平凡人。

他们都热爱交友，常说自己朋友满天下、人脉很广，随便说个领域，他们都会说自己有认识的朋友。

他们更是爱好分享，时常分享健康信息、国际时事、活动资讯等，并且十分关心他人的心情与生活，对别人的生活方式指指点点，并期许你能早点加入他们。

他们总认为自己的生活方式很棒很好，自己的教育方式很正确，自己对人生的方向感很准确，然后希望把这么好的观念与生活分享给大家，让大家一起过上好日子。

他们觉得自己已经成功了，不像其他人还茫茫然度日，终日不知自己的目标。他们的目标通常就是赚大钱、结婚生子，然后子子孙孙也都要赚大钱。

因此他们会觉得你的生活方式不对，说你这样不行、没办法赚大钱，觉得你没结婚也没生小孩，生活继续这样下去会彻底失败，无法像他们这么成功。

如果你身边有这种人，请多多关心他们，因为他们有病。

他们得的，是这个时代不算罕见的一种病，叫作“成功人视网膜病变”。

这种病难以痊愈，通常是由长时间接触而传染，会让人只看见自己的世界，产生自己过得很好的错觉。

这种病也将影响人的日常生活与说话能力，患者会不断地以言语或行为来攻击其他人类，并且会不自觉地想传染给别人。

因此，请多多关心周遭患上这种病的人。

一般有权有势的人
会看不惯违逆自己思想的人

没权没势的人
会看不惯比自己更没权没势

却过得比自己好的人

别太害怕失败

永远都要给自己机会

因为别人根本不会给你机会

他们活得很辛苦，每天都要为自己找起床的理由，还要在各种活动与社交场所中疲于奔命，心里有委屈或哀伤都无法说出口，也难以找到抱怨的出口，这样他们的心理压力与病情就更加严重了。

有些人到了七八十岁，才会逐渐痊愈，了解平凡是福的道理。而有些人，一辈子都好不了，还要逼迫他的下一代也患上这种病。

这是时代的病。

我们只能让自己，努力地不生病。

02 失败就是失败，跟成功攀什么亲戚

每个人应该都听过，好的开始是成功的一半。

当然，这是乐观的想法，毕竟另一半就是失败了啊。

也有人会说，失败是成功之母。这句话就好像说，如果你父母很失败，你会很成功一样。

这种安慰人的话，对我们一点帮助都没有，因为我们不需要失败来帮助我们成功，失败了 99 次的人，并不会第 100 次就一定成功；相对地，有人不需要失败就直接成功了。

失败跟成功从来都不是相对的。

我有一个朋友已经减肥好多次了

其实蛮好奇他为什么这么有毅力

一直解释失败原因不累吗

做得再多，说得再好

结果还是失败

就是证明你的能力不足罢了

失败只是真实地显现出你的能力与条件到哪里而已。

只要你条件不够，做再多次都会失败。就像你想上台湾大学，但因为分数不够，就算考十次也上不了啊。

失败就是失败，用错方法、条件不够、能力太差，就是会失败。

失败也不一定会让你学到东西，因为很多人连自己是怎么失败的都不知道。

就好像有人找工作，投了100份简历都没中，他会知道自己为什么没有中吗？到底是证件照太丑、自我介绍写太差，还是薪水开太高？又或许，他找的工作方向根本就不对。

他会因为投200份简历就找到工作吗？不会啊。

他会因为这样就学到怎么找工作吗？也不会啊。

有些人一次就找到工作，甚至不需要面试。谁叫人家有背景，或者是知名大学毕业呢。

只要你什么都不是，你就会一直失败下去，跟成功没有关系的。

又比如说股市，很多人在里面赚钱赔钱，一直在赔钱的人会知道自己为什么赔钱吗？

不会啊，他只会觉得自己怎么那么衰，为什么每次买进之后就开始跌。上了再多的课，他就能学会吗？如果是这样的话，那就不会有人赔钱了，股市也永远不会跌了。

所以在大多数的情况下，成功与失败根本一点关系也没有，倒是跟你个人本身比较有关。

同样一个女孩，帅哥去追就会成功，你太丑告白 100 次也不会成功。《101 次求婚》[1] 有美好结局只因为那是演戏，不是因为男主角求了那么多次婚。

许多人不过是被“成功”的表象给欺骗了。某些既得利益者通过灌输给你这样的观念，让你持续抱有希望，毕竟你若太早发现事实，他们可就没的赚了。因此才要跟你说，爱迪生也是失败了好几千次才发明电灯的嘛！

傻瓜，爱迪生根本是有钱人好吗？所以他有本钱失败那么多次。你失败一次全家就要破产了，哪有空在那边一直失败啊！

[1]《101 次求婚》是由黄渤和林志玲主演的爱情电影，讲述了从事装修的“屌丝男”成功追求女艺术家的故事。

不要幻想自己一个人会成功

就算是一群人幻想也不会成功

为什么总是天妒英才呢

因为没人管笨蛋活多久

人生没必要勇敢地挑战不可能，然后失败了才在那边说“这也是种学习”之类的鬼话。

做我们有把握的事就好，如果真的失败了，再去看看是什么原因导致失败的。

而不是去做一堆美梦，然后再用“从失败中学习”来安慰自己。

失败不会生出成功，只会生出认不清现实、无法充分认命的傻瓜。不要乐观地觉得自己会成功，而要认真去思考失败的成本。

很多时候，我们禁不起太多失败；很多时候，我们只能一次就成功。

这个社会不会给我们太多机会的。

尽管社会主流的声音总是安慰你、鼓励你勇敢挑战，但在你失败之后，那些原先鼓励你的人，也会是笑得最大声的人。

03
别人的人生学不来

许多功成名就、飞黄腾达的人，最喜欢做的一件事就是跟别人分享他是怎么成功的。

好吧，或许有些人没那么喜欢，他们只是默默地成功了。但即使他们不说，周遭的人也会想问，更可能引来记者采访。

所以，他们的人生经历会被写成一篇篇的故事，甚至成为书店里的励志书——《成功人士是这样炼成的》《成功人士都在做的事》《40 岁前想成功，你要这样做》《他做了这些事，所以成功》……

一本一本都在告诉你，只要你照着这样的方式生活，你也有可能会成功哦！

呵呵，不知道你有没有模仿电影里的情节去告白过？

当你失败的时候

身边会有一群关心你的人

他们会问你发生什么事

听听你的失败经验

然后心满意足地离开

社会上的成功人士

整天吃着鸡肉啃着鸡腿

最后留点鸡汤给普通人喝

好让他们不至于失去希望

继续当自己持续成功的垫脚石

比如说在雨中大喊“我喜欢你”，然后一把抱住女主角；或者趁女生不注意时偷亲一下，甚至强吻不放，然后再说声我爱你。

很浪漫吧？但现实生活中你这样做，会被当成白痴的。

你可能会说：“可是真的有人这样做就成功了啊！”是啦，你跟班上第一名也都是用眼睛在看书嘛，你们的脑子重量大概也差不多，为什么只有他能考第一名呢？

别人的人生是学不来的。就跟跑步、游泳一样，就算他做什么你也做什么，但他就是做得比你好。

别人会成功不代表你会成功，别人这样做成功了，不代表你这样做也可以。

许多人喜欢用自己的成功经历教育你，要勇敢、要挑战、要坚持，好像成功只因为他们够勇敢、够坚持而已。可他们没说的是，这其中他们拥有多少资源，有多少条件，获得了多少帮助。

而更多人因为失败了，也就没机会告诉你一个事实：不要轻易地挑战与坚持。成功者的坚持，叫坚定。失败者的坚持，叫顽固。

话都是成功的人在讲，你听他们说的话，你怎么不去听听失败者说了些什么？

许多成功的经验

都只是还没有失败而已

那些成功者所说的道理，难道就是什么真理吗？

套在每一个人身上都适用的，才叫真理。但这世上少有真理，多的是每一个人生活的道理。

没有人知道自己一下子就会成功，大多数都是真的做到之后，回头一看才发现“原来是这样啊”！

也没有人知道自己会失败。许多失败往往是因为，我们看到别人这样做成功了，于是跟着做，结果双方根本条件不同，最后失败了。

你看看那些成功者的人生，他们的模式是不是都很类似？

再去看看那些努力后失败的人们，他们的失败模式是不是跟成功者也很类似？

所以，根本不是因为成功者做了什么事而成功，而是因为他们拥有充分的条件，所以才会成功。

你没他们聪明，没他们有钱，甚至脸都长得没有人家好看。那你做一样的事，凭什么会成功呢？

不如好好想想，如何让自己不要太失败，或许有比较多可以学习的对象呢。

所谓的公平

不是指每个人都拥有一样的权利

而是握有规则的人

施舍给你的机会

04
人因赚钱而伟大

人生的一切都是有价码的。

励志故事总说人拥有无限可能，导致很多人都误以为自己很厉害、很有希望，但事实上，许多人只拥有把事情弄糟的无限可能罢了。

觉得自己未来会有成就，这是很奇怪的幻想。你什么事都还没做到，怎么会认为自己一定会有成就呢？

那些灌迷魂汤和鼓吹“人因梦想而伟大”的人，应该要抓走关起来，罪名是煽动罪。

像是许多大学毕业生，为什么会误以为自己很有能力，不想领那一点薪水呢？明明他们根本一点事都做不了啊！

用钱当然买不到快乐

只是有钱

别人会想办法让你快乐

有时候为了钱

出卖自己的灵魂和原则

不要觉得丢脸

丢脸的是还没有一个好价钱

如果未来的可能性可以作数，那小学生的价码不是应该更高吗？

我们一开始的价格很低，只代表我们“现在”的能力很差，又没什么成就和条件。这时廉价是正常的，想提高价格，就要有品牌或功能的加持。

品牌就是你的背景，功能就是你的其他条件。

要么很有设计感、长得超帅超美，要么就是十八般武艺样样精通，超好用而且能做事。不然就是你有品牌 logo——爸爸是谁、妈妈是谁。这些加持能让你一开始的价码更高一些。

如果以上条件一项都没有，那你就是个廉价品无误，只剩下劳力与时间这种多数人都可以付出的价值。

人们总以为自己的人格与尊严很有价值，这是受正能量洗脑太甚的缘故。

事实上，有能者的人格与尊严才有价值，多数平凡人的人格与尊严，这社会根本不在乎。

如果你真的有能力，就多赚点钱吧！靠着赚来的钱展现你的能力，再把钱拿去做你觉得有价值、有尊严、有人格的事。

以前我以为钱可以买到一切

后来才发现没有办法

因为我钱不够

钱不是唯一指标，却是很重要的指标，也是普世的指标，能用来满足这社会的许多条件与价值观，并交换到你觉得重要的事物。

有钱人谈感情，会更加纯粹。

有钱人谈友谊，会更加宝贵。

有钱人谈亲情，会更加珍惜。

有钱人谈人生，会更加丰富。

如果你没钱，高谈什么理论都只是幻想而已。人从不因梦想而伟大，而是因实现梦想而伟大。

有钱人并不讨厌，讨厌的是某些有钱人以掠夺他人来获取财富。

我们应该通过满足他人来赚钱。不管用任何方式，因满足他人所赚到的钱，都是值得尊敬且珍贵的。

当你还没有办法靠自己赚一分钱的时候，就没资格去说自己有价值。你应该充分认识到自己当下就是个廉价品甚至无用品而已。

所以，赚钱很重要——但必须量力而为，你有多少条件与能力，就用那些资源去赚钱。

或许，未来你可以赚很多钱；也可能，你根本赚不了钱。

所以，要证明自己，就尽量去赚钱吧。

不然，廉价也是一种选择。

毕竟人生的货架上，总是要有各种不同的选择，才能够显现出某些人特别有价值。

最靠得住的是金钱

最靠不住的是人

说谈钱伤感情的人

最容易因为钱出卖你

PART 5

职场现形，你的尊严值多少钱？

01
世界上最可悲的人

直接说结论。

世界上最可悲的人，就是那些能力普通、长相普通、家境普通，但内心却充满远大志向，幻想自己能出人头地的普通人。

这样的人，你我身边都有。

求学期间，永远都会有这种同学。

他们成绩一般般，大约落在十几名到二十几名之间，不靠前也不靠后，在班上算认真也不算认真，每次发考卷时就是默默地领卷，没人在乎他们考几分。

这样的人没什么问题，每个班级一定都有。但这之中，就会有可悲之人。

公司薪水真的是太不公平了

明明大家上班时间一样久

为什么越优秀的人领得越多

骂老板不懂爱惜人才

是一种很好的托词

说得好像老板如果爱惜人才

真能看上你似的

他们总想着要努力考到更高的分数，但又没有毅力好好地读完一本书；每次奋发时就猛做几道题目，一遇到稍难的又放弃；他们玩游戏时会担心没读书怎么办，读书时又想着要赶快去玩游戏；快考试时紧张得想熬夜几天恶补，读到一点后又觉得困了睡一下没关系吧。

考完了看到成绩觉得不满意，就夸下海口要戒游戏、断网络、卖手机，朋友约了也不出门，专心刻苦地为下一次考试打拼。但三天后就觉得反正下次考试还远，玩一下又不会怎样，放松一下是为了走更长远的路，然后就一路玩到考试前。

等他们到了社会，开始喜欢高谈阔论，说着未来与梦想，想着飞黄腾达与大展身手。但投了几百份简历，只进到一家不太满意的公司，于是整天说要离职找更好的工作，等着伯乐来挖角跳槽。

做了半年、一年，开始埋怨公司不好，觉得自己被埋没了。整天喊着要离职，却又没有更好的选择，只好跟老板要求加薪。老板或许勉强加了 2000 块[1]，此时他又会说：老板需要我、看重我，只好继续留下来帮老板了。

过了 30 岁，整天想着要找好对象，却东挑这个太丑，西挑那个太胖，都是对方配不上自己，因为老觉得自己总有一天要出人头地当大老板的，成功男人的背后都要有漂亮女人才行嘛。

[1] 此处的 2000 块是新台币，约等于人民币 400 元。

工作换了五六份，薪水大概三四万，直到35岁也混到小主管了，找了个不丑不胖不美不瘦的对象组成家庭，整天跟着别人喊未来要创业做老板，或者跳槽当高级主管。

到了四十多岁，孩子大了些，体力退化了些，也没啥机会换工作了，只好研究一下股票基金和投资机会。赚了点钱，就大谈投资理财之道；赔了，就骂企业坑杀散户。

然后开始对孩子说自己当年有多认真，要求小孩出人头地，顺便再嫌一下现在年轻人真是不抗压，一代不如一代。

五十多岁后，基本上还是过一样的生活。顺利的话，能在一个岗位待到退休；不顺利的，就是中年被裁员，拿存款出来做点小生意。

这样的人，心里一辈子都苦。

他们无法面对自身条件的现实，又羡慕别人的成功与生活，虽不觉得自己会平庸一辈子，却只能过平庸的生活。只拥有平庸的条件，却不认为自己会平庸的人，正是最可悲的人。

大家都只当他是个平凡人，唯有他觉得自己不平凡。活在假象之中，对人生处处不满。此生没人记得他，也没有人会怀念他。而他是最后一个知道这件事的人。

如果你觉得自己

整天累得跟狗一样

你真是误会大了

狗都没你这么累

我一直觉得自己力气很大

一个人居然可以扯全公司后腿

02
实力需要时间验证，背景一眼就认出

在线游戏给了我一个体悟，那就是背景的重要。

在游戏内，大家都会想加入一个好的组织，俗称“公会”。在公会里，可以获得大家的帮助，不论是吵架还是打怪，一个好的公会总是能给予较多的协助。

这也让许多公会成了所谓的知名公会。会知名，不外乎是因为公会成员强大，让这个公会对外能大声说话，也能吸引更多强者的加入。

但公会系统通常有限制，只能收限定的人数。这就衍生出一个特别的现象，当某个知名公会满额了，就会出现第一分会、第二分会等。主公会实力强是一定的，但分会就不一定了。不过分会出事了，主公会碍于面子，还是会派人处理一下。

所有的工作

做久了都会觉得无聊

差别在于

别人无聊还赚得比你多

于是，就出现了狐假虎威的人。他们本身没有实力，但混进了一个知名公会，出了什么事就先搬出公会的名声。这就像小流氓跟人呛声[1]的时候会说：“你知道我大哥是谁吗？”

这类狐假虎威的人，在游戏里不怎么练级，倒很喜欢到处跟人家聊天，时常会说“我认识那个谁谁谁”。通过到处攀关系，他们总能混进一些不错的公会，东聊西扯，跟大家感情也算不错，于是出了事也会有人帮忙。

女性角色会使用的招数也很类似，同样是到处拉关系，说谁谁谁是我干哥、干爸、干姐等，然后说话总是楚楚可怜的样子。

这就是标准的依靠背景。

这种现象在社会上更明显，我们经常看到某些人明明没什么实力，但言必称谁谁谁是他的长辈，或者他认识什么人。

社会自然比游戏世界复杂得多，但利益倒同样能很快获得。

不论他是否有实力，不论他是否真有那样的人脉，但光凭他能抬出这样的背景，就足以让人敬他三分。

[1] 呛声：源自闽南语，现在是台湾口语中的流行用语，有叫板、找碴的意思。

很多人都是因为幻想

可以从工作中

得到快乐与人生的意义

才会一直迷惘

工作多年

当人家问你是不是初入社会

不是因为你看起来年轻

而是因为觉得你怎么这么菜

这社会看待一个人，从来就不是只看你的努力和认真所得来的实力，而是背景优先。

因为实力需要时间验证，但背景一眼就能确认。

即使这些背景是他人辛苦的成果，照理说，应该只属于那个人；但很可惜的是，社会上的资源与成果，一直都是传承与交接的。

所以实力是其次，背景是首要。

如果你有实力，有背景能让你的实力更容易被看见。

如果你没有实力，只要你的背景足够强大，实力倒也不是那么重要了。毕竟社会上很多职位，不需要有什么实力就可以担当。

与其锻炼你的实力，不如先想办法找你的背景。毕竟，我们也都是先看别人的背景，才来想办法确认他的实力。

03
同事是你的分身，主管就是你的未来

许多人常常会抱怨同事很笨或主管很讨厌，但又不离职，十足的嘴炮。

这种人在公司里到处可见，觉得自己最强、觉得身边的人都拖累自己，也觉得主管总是傻的，真不知道为什么这人可以当主管。

觉得公司亏待自己，自己是千里马只是没遇到伯乐，整天期待被挖角跳槽，跟准备劈腿的人一样。

但这样的抱怨，只证明了，以他的能力就只能跟这群人共事而已。

这样的人很可悲。或许他们心里也明白，以自己的能力无法离开现职，却又无法承认自己的能力仅止于此。于是只好通过讲公司其他人的不是，来抬高自己的身价。

很多人喜欢抱怨老板与同事

总说别人又蠢又傻

其实只是在告诉别人

以你的能力只能与这些人共事

团队合作是在安慰弱者

强者说的团队合作都是指

照我说的做

你跟什么人一起工作，代表你的能力就适合跟他们共事；你被什么样的人领导，代表你就只能跟着他的路线前进而已。

要是让你加入复仇者联盟，一旦遇到外星人大军，你有本事活下来吗？

要是真的派你出去跟厂商谈业务、开高管会、到海外出差，你有本事做好吗？

并且，这些人若只是对自己的能力缺乏认知也就算了，结果他们还要把这份无知投射到他人身上。

就好像有些人去看医生，会觉得医生只是把把脉、用听诊器听一听就可以开药，没什么了不起。毕竟自己会百度也很厉害，还能指导医生该开什么药。

或者像有些人，看了几则社会事件，只凭些许资料就觉得法官该判有罪或无罪，这也是把自己的无知投射到法官与律师身上的表现。

与你共事超过三年的人，就是你的分身。他们跟你拥有同等级别的能力，适合一起工作，如果你们之中有谁先升职了，不完全是因为他能力比较强，或许是因为他事先打下了比较好的关系而已。

而你的主管，就是你的未来。如果在同一家公司你有升职的机会，除了新部门或新案子，没意外的话，你会先升上你主管的位置。除非你另谋高就，才有办法跳脱这样的接替。那些不敢跳槽的人，就只能在这样的接替中成为接班者。

工作是我们价值的展现，公司从来就不是慈善事业。你会觉得公司里都是白痴，那最大的可能是：你也是个白痴。

越无能于改变环境的人，越喜欢批评他人。

所有在领薪水的人，就该认命、本分地做好自己的工作。

你是什么咖，就会找到什么样的工作。如果你真的强到找不到工作，那就会自己当老板。

说什么时机未到、运气不好，其实都只是能力不够而已。

人家面试找工作

选的是薪水福利和发展前景

我只问一句

睡公司能开灯吗

我怕黑

PART 6

真爱无价，因为根本没人想买

01
单身能快乐，有个伴更快乐

人的一生，总是希望情感上的需求能被满足，特别是爱情。

说单身不寂寞很快乐绝对是骗人的。单身也能快乐的人，有个伴会更快乐。

毕竟，我们都希望有人懂得自己，能触碰到自己内心柔软的地方；更直接一点，会希望身体上柔软的地方也有人可以触摸。

不论肉体还是心灵，爱情都是多数人一生无法缺少的东西。也正因为如此，很多人总把爱情看得太过神圣，我觉得这是最蠢的一件事。

神圣的爱情是个假象，世上没有神圣的爱情。

丢开衣服，每个人在所爱之人面前都有赤裸裸难以掩饰的欲望。说什么崇高，只是想借此吸引那些不懂爱情的人罢了。

以前大人常跟我说

长大后才能谈恋爱

说得好像长大就会有人爱我了

爱情充满欲望，欲望是人性，而人性就是标价而已。

这个“价”不只是价钱，还是你所拥有的社会价值与条件。

长得帅长得美，标价天生就比较高一些。美丑的定义虽然也可能改变，但现在起码大家都喜欢比较瘦的。当然人人都有各自的喜好，微胖贫乳或大叔胖肚可能在某些人心中有比较高的价码，毕竟小众市场也是值得经营的嘛。

如果外貌非市场所爱，那其他条件还是可以加上去的，像是身家背景、社会地位、银行账户、跑车豪宅等，都可以让你的标价高一点，甚至吸引特定族群的喜爱，身价直冲天际。

如果这些明确的加码条件你都没有，那还是可以通过一些不太明显、需要花点时间才能发现的条件来增值，比如思想内涵、才艺专长、幽默风趣、创意健谈等，当然客户群会更少一点了，而且要花时间经营，但还是有机会的。

但如果这些都没有，你说说看，你有什么呢？

什么真心什么陪伴，这种东西人人都有，而且随时可抛弃的东西是没有价值的。

不是说你的真心可抛弃，而是你很可能为了其他事情抛弃自己的真心，比如为了别人的胸部之类的。

可替代性太高的东西，是没有意义的。

爱情就是标价，标价看重的是“稀缺性”。

空气很有价值，但一般情况下你不会花钱买空气。陪伴很重要，但你也不会为了陪伴就随便找个路人当男女朋友。

水很重要，但你平常不会花好几万块钱买水。真心很重要，但你不会找一个除了真心什么都没有的人当男女朋友。

爱情就是标价而已。

一些人鼓吹爱情其他附属的虚幻的意义，这都是因为没有可以拿来展示的价值，才会讲一些无法衡量的价值，他们以一堆似是而非的道理来平衡自己所缺少的东西。

没钱的人，才会跟你讲真心。

没长相的人，才会跟你说诚意。

没人爱的人，才会宣称爱自己最重要。

没有值得展示的成就，于是只好把无法衡量的价值无限放大。

标价高的人，一样可以付出真心诚意和陪伴。

所以，感情的世界里，你同样应该充分认命：自己是什么样的价位，就只能吸引什么样的买家上门。

我们都在寻找买主，同时也会是别人的买主。

当然，有时候你可能会遇到一些瞎眼的买家，用超高的价位买下了你。

那你就必须用一辈子来填回这个价位了。

其实你可以卸下心防

反正没有人愿意突破

02
颜值越低，友谊越纯

说到感情，就不能不说这个万年老话题了。

先说结论：颜值不够的人，才会一直被当纯朋友。

所以，男女之间的纯友谊，大多发生在颜值不足的人身上，而且要两个都不太好看。

要是其中一人比较好看，那通常就是某一方一直默默喜欢着对方，但对方又对自己没意思，只好以朋友的名义待在他的身边，还安慰自己每天能听到他说话也好。

纯友谊的关键很简单，就是两人彼此不会为对方心动。

男女之间一定有纯友谊

每一个我认识的女生

都说最多只能跟我当朋友

客观来讲，我们会对一个人心动以至于冲动，绝大多数都是因为对方的外貌能吸引我们。

一个脸丑的人，即使他的内在再好、家里有钱、对人温柔，真的是个好棒的人呢，但就是脸丑。你会在两人对望时，情不自禁地亲下去吗？

朋友相处久了，什么缺点没看过啊，已经彻底了解彼此的内在跟外在条件了，该理性思考的地方也都了解了，你很难因为对方有什么贴心的举动就突然动心。

如果她长得超美，相处多年，你知道她很爱花钱、不爱干净、说话随便，也不太认真面对生活，总喜欢玩乐。当你们出去一起喝酒唱歌，在一片黑漆漆的地方，她向你靠过来，你闻到她身上淡淡的香水味和发香，她突然转过头，用一双大眼睛看着你，你心跳加快，才发现她真的很好看。她拿起一根薯条，问你吃不吃，没等你回答就塞到你嘴里，突然你觉得她其实是个天真单纯的女孩，只是没遇到好男人而已。你的心跳漏了半拍，发觉自己喜欢上她了。

如果他长得超帅，身材超好，平常一起玩都没事，某天一起去海边，阳光洒下，照在他的六块腹肌上，头发上还沾着海水的粼光，一条发丝挂在额前，他看着你，开朗地向你挥手叫你快下水一起来玩。你的心情七上八下，小鹿乱撞地走了过去，被他的大手一抓，才发现原来他的手掌这么厚实，这么温暖，突然就忘了他平常的嘴贱，也觉得还蛮习惯他的坏脾气，才发现原来自己喜欢上他了。

今天好朋友问我

你交了女朋友会不会就忘了兄弟

我认真地跟他说

你把我当成什么人了

我看起来像是交得到女朋友的人吗

胖的人为什么比较难找另一半

是因为肉太多了

很难成为别人的菜

这个人，就是你那个多年的异性好友，你称那个男人婆一样的女生是“兄弟”，叫那个嘴贱的臭男人为“姐妹”，你们以为你们是纯友谊，但就在那个当下，你心动了。

突然间，他的缺点你好像都可以接受。突然间，你发现你们其实很合，又聊得来，又了解彼此的过去。

从朋友变情人，感觉就是可以更长久，简直是天生一对。

但如果换成一个又丑又胖的人，你觉得这样的场景你还会心动吗？

你说的纯友谊，不过是因为对方颜值太低，但又觉得对方其实人还不错，聊天挺合的，所以当朋友刚刚好。至于当情人，很抱歉，对方的脸你不喜欢。

感情本来就是讲条件，会心动也是因为各种条件的综合，而外貌就是最容易评估的条件。

当朋友的话，外表不一定重要，个性合得来，彼此有共同利益与目标比较重要。

当情人的话，外表就是选择条件之一了，因为必须要能心动。

你或许会因为一个多金的胖子追求你，感念他的真心所以决定跟他在一起。

你或许会因为一个温柔的丑妹追求你，帮你带便当以及体贴入微而决定跟她在一起。

但你不会某一天在一个不经意的时刻，看到对方突然觉得自己好像喜欢上他了。

那种让你在相处多年后突然发现自己很习惯他的存在、觉得彼此很适合、觉得自己好像其实已经喜欢对方很久了的状况，都是因为外表才可能造成的冲动。

大多数平凡人跟高颜值朋友间的纯友谊，都只是在排队等待空当而已。

哭其实可以解决问题

只要长得漂亮

03
不要太爱自己，才会有人爱你

讲到感情，怎么能不说说“爱自己”这个话题呢！

“爱自己”是最可笑的励志话语，比“成功一定要靠自己的努力”还好笑。

所有讲这句话的人，都是要靠这句话来骗你的，骗你的钱或骗你的感情都有，但绝对不是要真的安慰你。

有些人就是因为太爱自己了，才会看不清现实啊。

你太自恋，每次照镜子都对自己说：你很棒，你是最棒的，今天也要加油。

你对自己太好，舍不得让自己吃苦，也觉得自己很有价值，所以找不到工作是老板太坏，找不到另一半是因为人们只看外表，被人欺负是因为他们心理变态。

想谈恋爱最重要的两件事

就是要记得多爱自己别人才会爱你

以及外表不重要聊得来才重要

这就是我到现在还单身的原因

喜欢的东西那么多

你都买不起了

喜欢的人就一个

你怎能奢望在一起呢

你对别人好，是因为你觉得这样很有成就感，你喜欢看到别人因为你的付出而开心，但如果有人不接受你的付出，你会觉得他们对不起你。

但你只是用付出来满足你的虚荣心，根本不是单纯为了爱而付出。

只因为这样让你看起来很有爱，可以让世人都对不起你似的，好像全世界都亏欠你，于是你就能予取予求。

你所做的一切都是在爱自己。你太爱自己，才会觉得别人不够爱你，不像你爱自己这么爱。因为你的眼里根本没有别人，只有自己。

我欣赏够自私的人，他们纯粹为自己的利益着想，付出就要有收获。就像商人一般，卖东西一定要收钱，就算当下看起来好像免费，但日后也一定会收回代价。

不是每个厨师都是因为喜欢看到别人享用美食的表情，才去当厨师的。不是每个老师都是因为喜欢教育英才、喜欢看见学生学到知识的样子，才去当老师的。

大多数人从事某个职业，只是基于自己的一点专长与选择，为了讨生活才去做的。毕竟每个人都要生活，讨生活一点都不丢脸。什么能赚钱就去做什么，只要不伤害人，或许多少还能尽点社会责任，帮助别人。这样的人是值得尊敬的。

反观某些人，满嘴为别人好、为别人付出，以情感压力作为武器，一边说爱你一边逼着你也要有同等的回报。

总是一副楚楚可怜貌，以无私弱者的姿态在社会上寄生，纠缠那些心肠不够狠、不忍拒绝的人，不断以付出来胁迫对方就范，一步步将其拖入愧疚感的深渊里。甚至还会动用群体压力，向周遭亲友诉说自己付出了多少，要对方负责。

要是有聪明人看穿了这种伎俩，他们的绝招就是眼泪与哀伤，四处哭诉，开口就是："我为他付出了那么多！"若是被分手了，还会愤怒地说："他凭什么抛弃我？我这么努力付出！"

此时不免有人给予安慰，而这类人就会开始细数自己做过的每一件事。每一个付出他都记得，因为这就是他的心血结晶，他完全只在意自己做的每一件事，完全不记得别人的付出。

毕竟，这种人从头到尾完全就只爱自己啊！只活在自己的世界里，只看见自己的付出，并以此要求对方也要有同等付出，否则就是不够爱他。

居然还有人会安慰这样的人：你要多爱自己一点。甚至还有人出版鼓励人们要多爱自己的各种书籍，让这些只爱自己的人更理直气壮了，因为里面全是赞扬他们付出的故事。这不是天底下最大的笑话吗？

谁说你没有毅力的

单身这事你不就坚持了好几十年吗

那些在感情中单纯认真

说着不求回报的年轻人们

通常都会梦想成真

得不到任何回报

04 你根本不是暗恋，只是爱上痴情的自己

要说这世上最浪费时间的感情，就是暗恋了。

大家或多或少都听过这样的故事，某某某暗恋谁好久了，好痴情好浪漫哦。

这根本就是犯傻才会做的事。

我暗恋钱好久了，钱也不会理我啊，而且干吗理我呢。

要说暗恋很纯情很痴情，完全是痴人说梦。没能力追求的人才只能暗恋，才会通过美化这样的行为来安慰自己。

有一种爱叫作放手

当你能不再依靠双手

就代表找到爱了

暗恋常发生于学生时期，小男生小女生不懂得男女之间该如何展开行动，在情窦初开的年纪只能默默守护对方。

但更根本的问题或许在于，我们一点都不鼓励孩子们诚实面对自己的感情。

不敢面对自己的感情，又看不清自己的能力，于是在这模糊之间害怕后悔，只好用暗恋的方式来隐藏。

学不会放下这段不可能的感情，痴痴地傻望着，好像心意就能化作努力，好像暗恋就能让自己变帅变有钱了，期待对方某天发现自己的用心，蓦然回首，我就在这儿傻傻地等着你。

结果对方就结婚去了。

拿暗恋包装自己的幻想，就像是对着成功的幻影，来美化自己的无能一样。

大多数的暗恋，都是喜欢上比自己条件好太多的人，明知自己配不上对方，但又不想死心去追求条件比较差的人。

这是可悲的。

暗恋多年终于有成果的，通常是被暗恋的那一方经过岁月，条件开始慢慢下

降，或者你的条件慢慢提升，两个人终于有交集了，多年的暗恋才能修成正果。

或许你心中的女神，经历许多感情的创伤，也开始年老色衰，此时你功成名就，当然就可以顺理成章地接收女神的下半辈子了。

也或许你的男神变胖变丑，工作不顺日子也过得不太好，这时候你就有机会包养他，成为他的支柱，让他没有你活不下去。

这样的胜利，也是值得鼓励的，但却不是每个人都熬得住、等得到。

多数的暗恋，就是浪费时间而已。把自己的心情绑在另外一个人身上，错失了身边的许多机会。

既然短期内也配不上对方，不如把这时间拿来好好地提升自己的条件，或者干脆跟其他人在一起，这样反而开心许多。

当你觉得自己很痴情，不过就是很白痴而已。

因为你不是单纯只喜欢对方，更多的是爱上自己这个傻瓜，就跟“爱自己”一样，只为了满足自己付出的心情，然后期待对方有一天会看到你的付出，受到感动。

只有拥有随时交男女朋友的能力

和有许多备胎的人

才可以说自己在享受单身生活

你单身根本就没生活

会相信这种事的人，跟相信努力一定会有成果的人一样地傻。

人生不只是靠努力，感情也不只是靠努力。

你再怎么努力，还是不如别人的颜值和身材。

所以，这世上再也没有比暗恋更没有意义的事情了。

PART 7

一代不如一代，我们都在收烂摊

01
一代不如一代

我真心觉得一代不如一代。

我们这一代，薪水只有两三万[1]，工作又难找，房子却要两三千万。上一代薪水三四万，工作肯做就有，房子只要两三百万。

我们这一代，花四年读完大学也没用，台大毕业都要等着失业。上一代考上大学就可以请客庆祝了，随便一所大学毕业都有一堆人抢着要。

我们这一代，一餐吃个七八十元还吃不饱，食物有毒又难吃。上一代花几块钱就能吃很饱，食物安心又安全。

[1] 此处讲的钱数都是新台币，新台币对人民币的汇率大致为 0.2。

长相是上一代给的

教育是上一代定的

观念是上一代教的

环境是上一代留的

居然还好意思说

一代不如一代

以前行行出状元

现在行行都可怜

我们这一代，做个小生意都有一堆风险。想开店租金超贵负担不起，想卖吃的用错食材会被消费者骂，路边摆摊又会被警察抓，上网卖东西还要学一堆技术。

上一代随便摆个路边摊也可以做生意，或者开间小店面，租金低东西又好卖，就足以养活一家老小。

上一代行行出状元，这一代行行都可怜。

这是为什么呢？有些看起来像是价值观的关系，有些是环境的关系。

但是很抱歉：价值观就是上一代留下来的，就是上一代教你的，告诉你要这样过人生。

但环境不一样了。科技已经改变了世界，那些观念却陈旧不变。明明我们的人生都过得很努力、很辛苦了，但上一代看你过得不好，却只会怪你不争气！

说得好像争气点，社会就会对我们好一点似的。

认清现状吧！

上一代的懒惰自私留下了糟糕的环境，让我们的世界一代不如一代，日子一代

比一代过得糟糕。

还有一代不如一代的老人：过去老人是智慧的象征，是睿智与慈爱的代表；现在的很多老人就是马路上的危险障碍物、公司里升迁的阻碍者、社会上抢夺资源的吸血鬼。

每一代都会出现这样的言论，除了多活几年的优越感之外，每个人也总是觉得自己最辛苦，别人太轻松。就好像男人最爱比当兵有多累，每个人都觉得自己的付出才是付出，别人的付出都是吹牛。

这种从自身角度出发的言论，在不同世代相互比较时，是最容易出现的，因为我们很难去验证他们所讲的事。

幸好，现在是互联网时代，许多事物都有记录留存，也戳破了许多倚老卖老的言论，让我们至少得以确定了一件事：科技进步，我们的环境却是一代不如一代地糟。

而每一代的问题，上一代都是最不该出声的。

因为我们都还在收拾你们上一代的烂摊子。

很多人喜欢说

都是别人教坏他的小孩

那你怎么不自己教好自己的小孩呢

这时代做什么事

门槛都变得好高

想说当个宅男

还要先买得起房子

自己当不了龙

才会望子成龙

02
每一个啃老的人，背后都有一个曾经努力的爸爸

说一个残酷的事实：阶级一定是复制的。

只是有时候复制得不完全而已。

有钱人的小孩享有比较好的教育资源，可以到外国留学；良好的人际关系网络可以让他在找工作的时候更顺利，并且他的表现也比较有机会被看见。

他很有机会复制他父母的人生，如果他跟他的父母一样努力的话。

但即使他是个无用的人，父母依然可以为他找到一个好位置，或者给他钱做生意，他还是可以过得比一般人好些。

很多老人会说

要趁年轻时勇敢面对挫折

这也是对的

因为等到老的时候

就会不敢面对了

我担心我的小孩

以后也会是那种

没什么成就

整天说别人是啃老族的人

这是复制得不完全的情况，所以他的下一代可能会更惨……一代代下去便成了穷人。

富未必不过三代，但这要看某一代的条件有多好来定论。

而穷人的子女可以获得的教育资源有限，信息的取得也比较困难，因为没有太多人脉关系可以运用，只好找一份工作努力地做，靠着升迁往上爬。

如果运气不错能够坐到高位，或者跟对了公司，能得到不错的发展，那他就算是阶级提升了。

前提是，他必须比别人更努力。

如果他只是一般无能的人，父母也无法留给他什么，于是他只能做很普通的工作，因为能力太差也无法获得什么机会与升迁，可能连成家都有问题；即使勉强成家，也不会有更好的发展。

然后他的子女也是这样的路线，除非他们非常地拼命。

每一个啃老靠爸的人，背后都有一个曾经努力的爸爸。

如果你无法靠爸，要看看你爸平常在家都是什么样子。

你能够留什么东西给子女，是看你现在拥有什么；但他们拿到你的资源后，会付出什么样的努力，就要看你是如何教育他们的了。

很多时候我们说个人的努力很重要，事实上也真的没错。但同样努力的人，如果一个拥有很好的资源，另外一个什么都没有呢？

你说要靠天分、靠双倍努力？别傻了，人生条件就那些而已，你能够做的，别人一样可以做，只能靠上一代是否积累了更好的资源给你。

光是土壤的不同，就决定了植物的生长状况，而你的父母就是你的土壤，我们未来也会是别人的土壤。

如果我们很努力，或许可以让下一代不要复制我们的阶级；但我们这一代，注定就是这个阶级了。

但如果我们不努力，那下一代只会跌落到更惨的阶级。

或许你会觉得，每个人都该靠自己啊！

是的，每个人都该靠自己。但有些人除了靠自己还可以靠父母，人家这么可靠，哪像你只会张嘴说说而已。

每天告诉自己

今天要比昨天更努力

因为日子一天比一天难过

总希望能养儿防老

只可惜连孩子都养不起

我担心我的小孩以后，也成为那种整天说别人是啃老族的人。

因为他这样的抱怨，代表了我的怠惰。为什么别人有爸可以靠，而他没有？

就像是为什么你现在要这么辛苦努力？不就是因为没爸可靠。

背景不是凭空出来的，一定是有某一代的努力或者运气好，抓到了机会而后崛起的。

会崛起，当然也会消退，但这绝对不是一代就能完成的事。

要福留子孙还是债留子孙，就看你到底如何努力了。

即使我无法靠爸，我也希望我的孩子被别人说是靠爸。

因为他们的每一句靠爸，都是对我的称赞。

跟长辈聊天时

我们总是用尽方法想讨他们开心

而长辈三言两语就可以让我们烦心

PART 8

负能量的正面效应

01
自杀太没必要了

很多人觉得负能量只会让人消极与悲观。但自从我开始经营负能量粉丝团之后，我一直在表达一种有关生命的态度——活得久比活得好更重要。

我鼓励苟且偷生，因为活着比什么都重要。

我鼓励一直有意识地活着，生命的意义在于意识的存在，不论用哪一种方式存活，不求活着的意义，只求活着的意识。

有些人在看到人生的残酷现实时，觉得生命这么惨，到底活着干吗？甚至时不时地会觉得自己活着没什么意义，想早点死了算了。

但自杀太没必要了。

做个爱笑的人

其实更容易受伤

你总是笑

别人就觉得怎么伤你都没关系

今天解决不了的事

别着急了

因为明天也解决不了

会觉得生命没有意义的人，就是被正能量给迷惑了，觉得生命一定要有意义，一定要找到自己活着的意义才可以活着。

所以很多人一旦觉得自己过的是失败的人生就该死，就不该存活于世。许多自杀的人，都是觉得死了就一了百了，想靠自杀来解决所有问题。

但是，为什么要解决所有的问题呢？

谁告诉你一定要解决问题？谁告诉你一定要活得精彩、活得成功才叫生命呢？

生存本身就是一种成功。

很多问题，根本不需要解决。很多东西，失去也没有关系。

失恋没关系，反正又不是第一次失恋了，你以后多的是机会。

考不上大学没关系，反正念大学也是浪费钱，不如赶快学个技能赚钱去。

被裁员没关系，反正要么是公司快倒了，要么你混那么久被发现也是应该的，去摆个路边摊感受一下人情冷暖也好。

背债欠债没关系，反正要钱没有要命一条，慢慢还就是。如果债主等不及，那

起码也是他杀而不需要你自杀。

人生很多问题，根本不需要解决，也不用想要一次解决。你能解决今天的便秘问题就很厉害了，还想要解决什么大事呢？

想要一次解决问题，也太正面了吧。

并不是一定要超过其他人才能生存，想想没有我这么大的垫脚石别人还站不稳呢！没有我落后哪来别人的领先？我日子过得去就好，这也是一种人生。

为什么一定要积极向上，非出人头地不可呢？你想解决的问题，大多数都会随着时间解决的，不必想着要一次解决。

人生不需要希望也能活，不需要意义也能活。看似悲观与消极，只是因为别人都太乐观太积极了。

整日瘫软在地、嘻嘻哈哈，但只要每天能继续看到明天的太阳，就是成功了。若能活到 99 岁，比谁都活得久，在仇人的坟上尿尿，这也是一种成功。走到最后的才是赢家，最晚咽下一口气的才是成功人士。

人生不一定有趣，但活久了，看的鬼事越多，真的会越过越有趣。

我们常常低估了自己的影响力

没有你这么大块的垫脚石

别人还没法站得那么高呢

人生很多事

终究是会随着时间好起来的

像很多人原本只是胖

久了就变好胖

曾经看过一个 80 岁的老阿公，玩着平板电脑里的游戏，两眼放大全神贯注。游戏输了他懊恼，赢了便露出笑容皱起眼角，跟一个中学生没什么两样。

每个时代都会出现有趣的新事物，又何必去在意自己活得精不精彩呢？这世界的精彩，要活得够久才能看到，你只要努力生存就好。

说不定哪天真的会有外星人来攻打地球，难道你不想亲眼看看外星人长什么样子吗？

生存，才是真正的人生意义。

活着，本身就是一种成功。

02
真相往往是残酷的，别讨厌说真话的人

批评是需要勇气与观察力的。

所谓的批评，不是污辱的谩骂，也不是只说出显而易见的结果。

比如说别人好丑，这不是批评，只是说出事实。真正的批评是要说出他哪里丑，像是左右脸不对称、鼻子太小、嘴唇太厚又歪、两颊颧骨太高、眼袋太重、眉毛太细，整个人长得很不均匀，所以很丑。

骂人不难，但批评很难。

很多人以为的批评，只是说出评价的结论而已，根本谈不到“批”和“评”。

骂人不用讲道理，但批评要有理有据。

现在说人丑有比较委婉的说法

长得像素太低

辱骂很爽，可以发泄情绪，但批评却需要更多的勇气，毕竟没有人喜欢当讨厌鬼。说出真相是会引来杀机的，但有时我们宁愿背负这样的风险，也要出言批评。

这不是为了什么一时的爽快而已，若只求爽快，直接丢一句脏话就好了。

批评者比起纯发泄者，一般来说，在背后都有更深层的目的。有些人想借由批评获得名声与利益；有些人是道德感作祟，看不惯某些人招摇撞骗；有些人则是天生战神，看到什么事都想开战。

不论是哪一种，他们都必须为了这个目的，努力让批评变得有理，不然谁会想看纯粹发泄的内容呢。

很多人被批评时都会得到一种安慰，我称之为“鸵鸟正能量”。

就是那种不看不听，要你好好做自己，不要在意别人怎么想怎么批评的正能量鼓励。比如说：

“你做得很好啊，何必在意别人的批评。”

“你已经很努力了，做自己比较重要。别人不懂你的付出，别管他们。”

“只有你知道自己的价值，不需要别人来评价。”

每次看到这些言论，我就忍不住想敲敲他们的脑袋：哈喽，里面有人吗？就是做得太糟才会被批评啊。

你的价值根本没有人在意啊，每个人都觉得自己值一亿，但谁会买啊？以为自己是历史古物喊高价很爽吗？

人们未必都是吃饱没事闲得要去批评你，其实大多数人根本没空理你。你做得烂，大家通常懒得出声，连理都不想理。

网络上一堆人每天说一堆话，发表一堆高见，有谁理过他们吗？ YouTube 上一堆视频，许多点阅数只有几百人甚至几十人而已，而且完全没有人留言。

大家都忙着做事，谁有空看你在做什么，费心找出你的问题，然后还要冒着被讨厌与造口业的风险，说那些不中听的话。若真被批评了，难道不该好好看一下自己到底做了什么吗？

不过是想摆出好人的模样，然后随口说几句客套的赞美，来显得自己好像很善良而已。

许多人根本打心里就觉得你很糟，但还是要跟你说：“加油，你做得很好。”

一个人可以一直天真地生活

必定是另一个人用邪恶的代价换来的

毕竟，赞美的话不会有人计较真假，开心就好；但批评的言论，就会被仔细检视到底有没有道理。

大部分夸奖你的人，都不是真心的。

真相永远是残酷的，但我们却忍不住要讨厌那个说出真相的人。

如果大家真的都活在“你好棒我好棒”的世界里，那这个世界就不会有灾难了。

但事实上，就是那些虚伪的善意指引了通往灾难的道路。

对一个没有绘画才能的孩子，说他画得好棒，要他继续努力，害他浪费了好几年去画画。结果当然还是画得很糟，被社会打枪[1]之后才发现自己也没有其他技能了。

对一个没有音乐才能的孩子，说他唱得不错，要他继续加油。结果，等他长大后和朋友去唱歌时被笑了，才发现自己根本就是胖虎[2]。

我们要鼓励别人尝试，但不是鼓励别人做傻事。

[1] 打枪：台湾常用口语词，意为否定、拒绝。
[2] 胖虎：日本动画片《哆啦 A 梦》中的角色，经常唱歌跑调。

国王没穿衣服你可以选择不出声，直接说破的勇气本来就不是每个人都有的。但当有人指出时，你可以默默点头或无视，你不该还假意地说：不会啊，国王穿的衣服其实挺好看的，他在做自己嘛。

而我们生活在群体中，就要有被批评的心理准备。表现好得高分，表现不好，连同情分都不该有。

只是一味害怕被批评的人，心里容不下别人的意见，只会活在自己的假象里，享受虚假的赞美，不愿正视自己表现不好的事实。这也是为什么，某些人的日子会越过越糟。

你的自信心如果这么脆弱、这么害怕被打击，那这样的自信根本没有存在的价值。

当你知道自己有多丑，别人说你丑时你会点点头，对，我丑但我有钱啊。当你知道自己有多穷，别人说你穷时你会点点头，是啊，我穷但我交得到女朋友啊。

你应该最清楚自己的条件，如果能对自己的条件有自信，也就能直视那些批评了，而不是拿“做自己”或者“我很努力”来当挡箭牌。

没有人在意你努力多少，大家只想看你做到多少。

03
负能量让你成长

还是要说点有用的东西，本篇最适合成功人士阅读了。

对负能量的认知，在我的人生中是很重要的一件事，我庆幸自己从以前就正视了负能量的存在，并且将这种精神运用在生活之中。

现在，我就要教你，如何运用负能量成长学习。

如果今天你看到了负能量，或者产生了负能量的感受，首先，把这份感受写下来。

建议用纸笔写下，贴在你的桌前，好好看着这几个字。心里开始思考，究竟这个负能量是因为什么产生的?

所有的情绪，都受到自身条件的影响。所以如果你觉得这个感受是因为他人的行为而产生的，你要思考的是，自身的什么条件会让别人有这样的行为？

一个美女不接受自己的感情，是因为自己太丑还是太穷，是自己说话不好笑又或者她根本就有男朋友了？

同事抢了你的功劳，你要想是不是自己太软弱、看起来很好欺负，还是那个功劳本来就不是你的，只是你误以为自己很有用而已？

想想自己，看看别人，你会发现原来自己有许多不足。

这些根源，就是负能量的由来。

如果你已经很强大很厉害，那负能量就跟笑话一样，一点都不值得在意。

所以，先反省自己。

反省完之后，如果还觉得自己真的很完美，这次真的是别人的错——比如说，自己停车等红绿灯等得好好的，偏偏有人跑过来撞你——这种时候，就要记得抱怨。

心中的不满，积累在心里是会内伤的。要好好抱怨。

其实我相信人有无限可能

因为再万无一失的简单事

还是会被我搞砸

这时候男女朋友最好用了，没有的话，那就赶快打电话给好兄弟好姐妹联络一下感情，再不然就贴到 Facebook 或微博吧。

但要确定真的是别人的错。

抱怨完了，你会发现心情爽多了，情绪超棒的，然后就可以吃点美食，把刚刚的事情抛到脑后了。

通过这般先反省再发泄的过程，你会发现自己很快乐，很顺利，没什么包袱，可以把心思放在如何多赚点钱、如何追到喜欢的女生、如何度过每一个平凡的日子。

你不必把烦闷积在心里。如果是因为自身条件不足，烦闷也没有意义；如果是别人的错，你也发泄够了，不会累积。

通过这样的循环，你可以安身立命，在自己的舒适圈待得很舒服，不用整天焦虑，为不存在的烦恼担心。

这个方法，在我考大学与工作时特别有用。考不上就反省自己没认真或脑袋不好，粗心大意就抱怨一下，反正也来不及了；工作被骂就反省自己做不好是因为能力差，同事太糟就跟家人抱怨，反正我不想也不能改变他人的人生。

我们不必对别人的人生负责，只要对自己的情绪负责。

因此，让负能量成为你发现问题的源头，你就能通过这样的方式成长，并且比别人更强大。

因为你在真实世界里成长，别人却是在假象中以为自己有成长。

让负能量成为你成长的基石，绝对领先别人十倍以上！现在，就把粉丝团打开，好好地学习成长一番吧。

……

……

……

对了，这一篇我完全是瞎扯的。

有些人觉得

穿黑色衣服会看起来比较瘦

我只想说

你会觉得黑山猪比较瘦吗

04
负能量教你好好爱

我其实还蛮喜欢看两性文章的，当成笑话看还不错。

看到别人给的爱情建议总是觉得很有趣，有点像一些分析师给大企业的建议一样，要是真那么有用，这世上就没有公司会倒闭了。

不过在这里，我也想给大家一些有关爱情的负能量建议。

第一，不要想办法沟通。

许多两性作家最喜欢说，要学会倾听，要认真沟通，要仔细听对方说的话。

我说，沟通一点都不重要。当你越想沟通，就会越期待沟通带来的改变。但人有可能因为这样就改变吗？不可能嘛。

沟通一点用都没有，不要想办法沟通。

把时间花在沟通上，不如花时间让对方看见你对生活的认真，用行动来表达你的重视。

看看那些很擅长沟通的人，通常当初也是因为很会说话所以才拐到你。每次沟通前，他可能先给你一个拥抱，然后两人坐下来，开口第一句话就是："宝贝，对不起，是我的错。"

你看，一听到这开场白什么态度都软了。再看看他的眼神，这么诚恳这么认真，好像这次真的会改过，好像真的把你说的话听进去一样。

于是你相信了，觉得这次沟通真有效，感觉良好。

对，沟通最大的效用就是让你心情变好，但是对现状一点帮助都没有。

沟通完了，你会发现他还是不去找工作，还是在家打游戏，还是在外面把妹，还是跟那个女生继续搞暧昧，直到被你发现，你们再开启下一次沟通。

沟通一点用都没有，不要再想办法沟通了，直接去做点事吧。

感情为什么可以长久？就是因为男人的废话没有那么多，女人也没有那么爱沟通。

以前谈恋爱

都是躲起来两个人甜蜜

现在谈恋爱

是先告诉大家我们要幸福

像老一辈人，遇到什么事说两句，男人当下一言不发，隔天就会看到他一早出门，晚上拿钱回来给孩子去交学费。

做错事的，直接点出问题，会改的就是会改，不会改的就算了。包容就是这样来的。

沟通在某种程度上不过是用说话代替行动，好像多说几句就能改变问题一样。

第二，不要一直倾听。

倾听跟沟通类似，但倾听有个更重要的魔力。

就是有人听你说话，会让你觉得很爽。你看一些老人就知道了，被倾听，感觉就是被重视了，会觉得事情有了转机。

但很可惜。爽归爽，对问题一点帮助也没有，而且这种爽度还会让你不小心忽略了问题。你以为倾听了他的心声，就是真的了解他了吗？

大多数人说出口的，并不是内心真正想说的话，而是对方想听的话。我们都是看什么人说什么话，面对不同的人，就转换不同的口吻与内容。

倾听的目的，是了解对方的需求。

很多人谈恋爱

是想找一个人来遮风避雨

之后才发现

所有的风雨都是他带给你的

当你不断倾听对方的需求，即使不可能满足这些需求，也会让对方有了期待与希望，好像你都听进去了；但事实上，这反而会造成反效果。

比如男人说他真的很需要个人空间，你听完后点点头，但过几天看到他打游戏，又忍不住指责他都不关心你。他心里就会觉得你莫名其妙，不是都已经说好了吗？

明明听归听，做归做，但倾听就会让人觉得好像是种承诺。

所以，不要去倾听对方的需求，因为这样反而给了对方过多期待。

能做的就做，不能做的，连想都不要想。

第三，不要包容对方。

包容是爱情最大的毒药。

人就是犯贱，把爱情看得太伟大，才会想要无条件地包容对方。

连你爸妈都没办法无条件包容你了，你还要包容那个没什么血缘的陌生人，只因为见鬼的爱情？

别傻了，找对象就要找你可以接受的人。他的一切优点缺点，你都要觉得可以接受，不会勉强，不需要包容，不会踩到你的地雷，这样的人，你才应该跟他在一起啊。

重点在于，不要勉强自己去包容对方，爱情没有重要到必须容忍一切。

太多人因为爱情瞎了眼，等到分手后，才发觉自己那段日子根本是鬼遮眼。

有这样的精神，还不如对工作瞎了眼，去包容所有工作与客户的不是，反而会让你更容易成功呢。

以上三点，就是我对爱情的建议。

当你坚持这三点，然后找到了爱情……那就一定是真爱了。

05 你说什么不重要，做什么才重要

书看到这里的人，也算是厉害。

我以为看到一半大家就会把这书给扔了。

因为如果你仔细读这些内容，细心对照，就会发现其实有很多矛盾。

我嘲弄不努力又抱怨的人，却又说努力没什么用。

我取笑嘴炮不付出行动的人，又说能力太差做什么也没用。

我讽刺社会上的成功定义，看似要大家安于平庸，但又常常说平庸的人的坏话。

我要大家充分认命，却又说尽才华的好话。

大多数人是看不起自己的平庸

又不想承认自己的妥协

所以才会用嘲笑别人的付出

来掩饰自己无能的事实

以前觉得诚实

是说出自己做过的事

长大才知道

诚实是找不到证据反驳的事

看起来，我这个人怎么这么没有立场和主张啊！

多数人比较少经历战场，却一定会经过市场，人生就如市场。

我们的每一个条件，都有一个价格。这个价格先由我们自己定价，然后再看看有没有人愿意埋单，慢慢地去调整出适合市场的价格。

许多人希望通过各种方式来迷惑你的选择，好让他得到更高的价格，比如那些只会用嘴说说的“成功人士”，总是要一群人混在一起，让你误以为这一群人的价格好像都不错。

我一直在说的，也就是这个道理了：认清自己到底是什么产品，认清自己的价格。

当然人生不是只有一条路，你以前是吸尘器不代表你不能当吹风机，只是这个转型你需要花点时间，不可能靠嘴巴说说就算数。

人生不是非黑即白，也不是真的有什么立场跟主张，每个人的价值观都建立在自己的认知上。随着时间的发展，你就会发现，这世界上其实没什么好坚持的。

而且事实上，人生本来就不是在讲立场跟主张，只讲你做的事与做的结果。

你说什么不重要，你做什么才重要。

你做什么的过程不重要，你做的结果才重要。

毕竟，失败的成本很高，成功的收获很少。

认命，是认清自己的条件，把生活中每一个微小的成功，积累成自己人生的完整。

努力，是拿自己的条件去尝试，看看你的条件是否真如自己所想。

你觉得自己长得很帅，应该可以轻易交到女朋友，那就努力追追看，说不定你根本丑爆了。

你觉得自己很有才华，应该可以得到别人的赞赏，那就努力拼拼看，说不定你根本误会了。

你觉得你的人生应该不会这么平庸，那就努力拼几年看看，说不定你就会习惯平庸了。

把自己当成产品，努力就像广告，可以把产品的优点告诉大家，但也会让更多人知道这产品的缺点。

对于人生许多重大决定

我都是靠着

算了管他呢随便啦

才能下定决心的

别轻易放弃你的梦想

要好好坚持下去

多年之后

才能证明你真的是在做梦啊

这就是为什么有那么多人会迷信“努力”的效果，并且崇尚努力的价值。就像许多老板会认为，产品要想卖得好，只要大打广告就好了，因为他们都觉得自家产品很好啊。

殊不知，是市场决定产品的价值。如果真是好产品，大打广告当然很好，即使不打广告，好产品也会渐渐被人发现。

但如果是个很烂的产品，大打广告不过是告诉大家你有多烂而已，你也会通过这个过程发现，原来自己的产品真的这么烂啊。

有些人会反省，觉得是自家产品太差。有些人则会怪别人，说都是他们不懂我的好。

这就是市场，也是人生。

我们都是随遇而安罢了。

那些坚持跟我争论对错的网友，或坚持从别人的人生中找出规律与方法，或坚持找出这个世界的成功公式，他们都只是被社会给迷惑的角色而已。

我不崇尚什么成功，因为我觉得每天能起床就是成功了，因此我不鼓励自杀这种所谓的解决之道。

人生太多矛盾了，选边站本身就是一件很傻的事。我们只是不断依照自己的条件，做出选择而已。

有时候可以努力一点，有时候放它过去就算了。

一开始经营粉丝团时，其实我也是随便做做而已。没想到红了，才努力点做。写这本书，花了一点时间，同时也努力地拍视频、写专栏，因为有人期待，有人支持，所以我努力一点来响应他们。

等以后没人看了，再摆烂就是了。

我认真，也不认真。

因为人生这么矛盾，大多数人又太过驽钝，随波逐流、顺应情势是最适合我们的活法。

至于改变世界——有机会就做，没机会就留给别人去做吧。

结语

我想成为为你鼓掌的人

我曾读过一篇文章，那是真正启发我思想的文章，名叫《家有中等生》。那是在我青春期时读到的，刚读完时，觉得很感动，印象很深，但还没有特别的体悟。

然后经过了考高中，考大学，我努力读书希望拼个好学校，我努力追女生希望能交个女朋友。我也耍帅，但不敢耍坏，我也叛逆，但不敢离家出走，因为我会认床。

那时候我也有梦想，也幻想以后成为了不起的人。如果运气好，或许我 35 岁就可以赚进千万，45 岁就可以提早退休，成为成功人士。

大学时的某一天，我睡醒起床。前一晚刚跟同学们打了通宵的游戏，醒来时已是中午，我出门买了个便当，回到房间，我看着便当，愣着。

我突然觉得很难过，眼泪滴了下来。那时候，我好想打电话给我的父母，说声对不起。

对不起，你们的孩子，可能只是一个平庸的人。

对不起，或许你们也曾经期待这孩子出众不凡，但我知道，自己只是一个很普通很普通的人。

对不起，我可能要辜负你们的期待，我可能在数十年后，也是吃着某份便当，在某家公司上班，每天领一点点的钱，就是这样一个奔走在社会上的很普通的人。

普通的学生，普通的上班族，普通的男朋友，普通的老公，普通的爸爸，普通的平民。

我可能就是那个背着 20 年房贷，最后到了 65 岁还不知道能不能退休，在社会上过着普通又略带辛苦日子的普通人。

我可能不会飞黄腾达，可能不会出人头地。

对不起，望子成龙的父母，你的孩子即将平庸。

那时候，我再次想起那篇文章。再看了一次，热泪盈眶。

我再也不期待什么成功了，我只想努力过好每一个当下。

面对每一个人，都不去想什么人脉，只在乎我们的相处能带来什么乐趣。

面对每一件事，不想着成功，只想着完成。

我要成为一个普通人，为路过的英雄鼓掌。

那一刻，我终于认识了我自己，充分认命了。

在这里，我要感谢你买了这本书，谢谢你在这时候给我鼓掌。

我不是人群中的焦点，现实中的我，是你看一眼就会忘记的人，是你在一场聚会中跟我交换完名片，事后看着名片就再也想不起长相的那种人。

我不是什么文坛新星，更不是文学大师，只是会写点字，稍能思考，然后默默靠着我的技能谋生，赚钱养活一家人而已。

我不是成功人士，更不是伟人。这本书只是一个认知到自己即将平庸度过一生的人，说出的对于人生的体悟。

你可以觉得这是歪理，也可以觉得莫名其妙，但这本书谈的，就是我们都会面临的这世界的种种恶意。

当然，或许你不会遇到这些恶意，那恭喜你，你的人生很幸运，你只需要注意自己有没有散播这样的恶意。

或许你已清楚感觉到恶意了，那也没关系，你不孤单。只是别想靠着正能量去逃避这些事实。

我已经不觉得自己要为了出人头地而拼第一，当我出生的那一刻，我已经出人头地了，我不需要再被生出来一次，也不需要什么重生。

我每天睡醒就是清醒的，不必再通过什么励志语录来帮助我清醒。

如果我过得混沌，那也必定是因为我的能力不足以看透眼前的茫雾。

我将平庸一生，但我会努力抓住每一次机会。

我没有特别准备什么，也不需要十年发一箭，因为我的人生一直都在射箭。

我依然平庸，并没有因为粉丝团积累了一些人气，就觉得自己变得不凡。其实我反而觉得大家和我一样可怜，因为这社会没有像样的出口，于是你们只好涌入这里。

不要变成你自己讨厌的人

不然你就会变得又帅又有钱

我们都是可怜虫，但你别担心，不管你过得多差，都有我帮你垫底。

现在你买这本书，是给我的掌声，我谢谢你。收到你的钱，我会好好享乐的。

我会献上我最真诚的祝福，真的很真诚，因为我收钱了，祝福你能成为英雄。

到那时候，我会是那个坐在路边为你鼓掌的村民。

恭贺你在人生的路上，能昂首而行，潇洒走过这一遭。

SPECIAL FEATURE

负能量速效救心丸

单身狗，负负得正！

别人用保险套避免意外

我是用脸避孕

你单身很久
也别觉得灰心
上天正在为你准备对象

找一个特别糟的
需要比较久的时间

逛街时许多店家都会说
如果你是真的喜欢这东西
那我就再算便宜点给你

所以说真爱真是不值钱啊

所谓的默默守候

就是在你身边玩手机不出声

其实找哪个女朋友都一样
都是一直在争吵而已

差别是有些人吵的对象
比较漂亮

很多人觉得
网络上的感情很假

但没了网络

他们也没有多真

失恋有什么大不了的
本来每个人迟早都会清醒

发现当初跟你在一起
是错误的选择

有些人明明都有男女朋友
还是整天追着男神女神跑

是因为自己配不上喜欢的人
只好勉强找个人凑合着

长得丑又没钱
交女朋友也是有好处的

起码不会被骗财骗色

加班汪，负负得正！

常有人说 梦想要拼了命 才有机会完成 难怪我每天想下班 都这么辛苦	现在比资历不是说 我吃过的饭 比你吃过的盐还多 而是我的加班时数 比你上班时间还要多	总有那种 晒自己电脑桌面 然后说自己好忙的人
身为一个 有尊严的专业人士 你可以污辱我的人格 但不能砍我的价格	明天又要上班 一想到有许多人跟我一样 要挤公交赶地铁 就觉得放心了许多	我是一个 很重视专业的人 所以才会不重视你
很多重要的事 用眼睛是看不到的 要用心去体会 比如我的年终奖	有一些人爱说 自己是脑力工作者 就是在告诉别人 他一动手就会搞砸事情	以前觉得读书没成就感 工作后才发现 自己只剩下 读过书的成就感

穷丑矬，负负得正！

人生就是这样 爱要找理由 恨要找原因 只有我无缘无故又胖了 找不到理由和原因	运动流的汗 有没有可能是 脂肪情侣被拆散的泪水	你的帅虽然不明显 但是丑却很突出
很多人说抖腿会变穷 说得好像我原本有钱似的	长得丑没关系 要知道老天还是在乎你的 让你笨一点 以免丑得不自然	食物掉到地上 不管是不是三秒内 只要价钱超过30块的 我就会捡起来吃
有些人天生就引人注目 别人看见他时 都会再多看一眼 毕竟脸太大一眼看不完	有些人跳得高 不过是因为脑袋轻而已	穷真的能砥砺人心 你的穷能砥砺我的心

此书献给我的太太依萍

我是一个平庸的男人

却有特别的你陪伴

图书在版编目(CIP)数据

负负得正的人生奥义书 / 键人（林育圣）著；Eripo 绘．— 南京：江苏凤凰文艺出版社，2016
ISBN 978-7-5399-9442-0

Ⅰ．①负… Ⅱ．①键… ② E… Ⅲ．①人生哲学 – 通俗读物 Ⅳ．① B821-49

中国版本图书馆 CIP 数据核字 (2016) 第 144208 号

江苏省版权局著作权合同登记：图字10-2016-267

书　　名	负负得正的人生奥义书
著　　者	键人（林育圣）
绘　　者	Eripo
责任编辑	聂　斌　孙金荣
策划编辑	赵　娅
特约编辑	张凤莲
文字校对	孔智敏
版权支持	王秀荣　张晓阳
封面设计	夏海波
出版发行	凤凰出版传媒股份有限公司 江苏凤凰文艺出版社
出版社地址	南京市中央路 165 号，邮编：210009
出版社网址	http://www.jswenyi.com
经　　销	凤凰出版传媒股份有限公司
印　　刷	北京市雅迪彩色印刷有限公司
开　　本	700 毫米 ×1000 毫米　1/16
印　　张	16
字　　数	192 千字
版　　次	2016 年 7 月第 1 版　2016 年 7 月第 1 次印刷
标准书号	ISBN 978-7-5399-9442-0
定　　价	42.00 元

（江苏凤凰文艺版图书凡印刷、装订错误可随时向承印厂调换）

NeEnergy

负负得正的人生奥义书